・永久に生きている個はない、すなわち、誕生があれば、かならず死がある
・死後、肉体が朽ちていくのは目でみて確認できる

かりに、転生、という現象があり得た場合のことがら

・転生、それがなされるのは転生される個の誕生時である
・前世の自分が何者であったかがわかる人がいない
・生前の個の記憶が転生後の個に引きつがれることはない

このような客観的事実にもとづいて、筋道を曲げずに向き合っていけば、それが現世的思考（語句の説明②を参照してください）の枠内でしかなくても、いくらかでも合理性のある答が得られるのではないか、と考えてトライ、その結果できたのが小著です。

思考の対象が、既知の現象がなく、空想しかできない死後の世界のことですから、どの宗教宗派の描く来世像にも、たとえば、空想能力がないことで転生ができないはずの畜生が六道の輪なかにはいっているなど、非合理や矛盾がはいるのは避けられません。したがって、死後の世界の話は、あっちの合理性を求めるとこっちの合理性が失われ、こっちの合理性を求めるとあっちの合理性が失われるなど、合理性を求めると、矛盾、という迷路にはいってしまうことも少なくないのです。こんな空想しかできない世界のお話ですから、説明文のなかに、独断的、あるいは、非合理的、非現実的な記述があるのは仕方がない、とは思うのですが、しかし、なかには容認のできない論理の飛躍や矛盾があるかもしれません。お気づきになってご指摘がいただければ幸い

です。

なお、小著は、平成三十年に電子版で出版した、『死後の世界（ＫＫ22世紀アート）』の修正版です。

目次

装幀　２ＤＡＹ

I

死後の世界にたいする私の基本的な考え

まず最初に、私の想定している死後の世界と、それに関連することがらについてのおおよそを述べるところからスタートしますが、この後小著で述べられることがらは、ここでの理解が、たぶん、「正しいであろう」、ということが前提になっています。

1 「自の認識」

古《いにしえ》の昔から、人々は死後の世界を脳裏に描いているのですが、その源は「自の認識」の不思議にある、と私は考えています。

(1) 「自の認識」の不思議

自我は、イコール心《こころ》ですから、たくさんの機能を持っているのですが、その一つに外的認識機能があります。外的認識機能は、自己を自己として認識し、また、自己と自己以外の人や物とを区別して認識するはたらきです。この機能によってもたらされる、他（自分以外の人や物）と区別して自（自分自身）を意識する際の感覚的認識、それを私は、「自の認識」、と呼ぶことにしています。そして、感覚的に他と区別して自を認識するこの「自の認識」は、人間ならだれでもが持っている、先天性で本能的な機能であり、したがって、それが、生きているときはもちろん、死に際しても、身体からはなれることはないし、外から身体内にはいることもない、と私は理解しているのです。

「自の認識」は先天性で本能的な存在ですから、生まれて間もなくの乳児をもふくめて、人はだれでも、ほかのだれとも違う自分を感覚的に認識しているのですが、この認識を生みだしている外的認識機能に障害が生じると、自を自として認識することや、自と他との区別があいまいになる、すなわち、「自の認識」がうすれてしまいます。

たとえば、うつ病や統合失調症の患者さんは、ときに、外的認識機能が障害されて、自を自として認識するのが難しくなることがありますが、そのようになると、離人症《りじんしょう》ともいわれるように、自分の思考や行動、そして感情に、それが自分のものでありながら、自己とのつながりが実感できない、すなわち、現実味がともなわなくなります。

「自の認識」が障害されると、自分であることの意識が希薄になり、なにをしても、感覚的には他人ごとのような感じになりますから、たとえば、自分がなにかを考えているとき、あるいは、なにかをしているとき、それが、自分の思考であり、自分の行動でありながら、その思考や行動が他人ごとであるかのように感じられ、つれて、当人の意識は、その思考や行動の、目的からはもちろん、良し悪しの判断からもはなれがちになってしまいます。これが「自の認識」があいまいになった状態です。

他と完全に区別して自（自己）を意識したとき、人はだれでも、ほかのだれでもない自分、すなわち、「自の認識」を実感することになります。そこで実感した「自の認識」は、地球人口七十億人のなかで、そして、人類は約四百万年前にアフリカで誕生した、とされていますから、人類が誕生してから四百万年のなかで、今の瞬間、唯一、自分だけが感じとっている認識です。そんな不思議といえば不思議な「自の認識」が、自分が生きている間だけのものでしかないことに、思考が、理性優位型（語句の説明⑧を参照してください）であるうちはともかく、「自の認識」がもたらす不思議が疑念感情を生起させ、感情優位に傾くと納得できませんから、自分が、今、実感している「自の認識」は、遠い過去から現在まで、連綿とありつづけたもので、さらに、これからも消えずにありつづけるに違いない、人々の心のなかにこのような想いがわき出てきたのは自然なのです。このように、人々の心のなかに自然にわき出てきた、自分が、今、持っている「自の認識」は永遠にありつづけるに違いない、という想い、この想いが、人々に死後の世界を描かせた源、と私は理解しているのです。

　人々が、「自の認識」は、死と同時に、転生《てんしょう》（死後もなにかに生まれかわること）することなく消えてしまう、このように考えれば、必然的に、死後のいき先は「無の世界」になりますから、だれもさまざまな死後の世界を空想して不安や恐怖におちいることはなかったのですが、死によって自分が持っている「自の認識」が消えることに納得ができなかった人々は、合理性には欠けるにしても、死後も、自分が、今、持っている「自の認識」は、どんな世界で、なにに転生するのかはともかく、次の世、また、その次の世へと、転生を繰りかえしながら、永遠にありつづけるに違いない、と考えたのです。

(2) 転生がある、とすれば、転生する主体は「自の認識」です

転生とは、人間や畜生など、何ものかが死んで、次の世で違う何ものかに生まれかわることですが、死ねば肉体が滅びるのは目でみてわかりますから、生まれかわりがある、とすれば、生まれかわる主体、すなわち、転生する主体はなにか、それが問題として残ります。

輪廻《りんね》、これは、転生を繰りかえしながら、ある一定の範囲内をめぐっていて、そこから抜け出られない状態です。仏教では、その範囲を、迷いの世界、六道、としていますから、したがって、仏教での輪廻転生は、六道を死にかわり生まれかわりしながらめぐりつづけること、となります。

私は、かりに、転生がある、とすれば、転生する主体は「自の認識」しかない、と考えてはいるのですが、しかし、その一方で、「自の認識」は、本能として個に備わっているもので、備わっている個の肉体からはなれては存在しない、とも考えています。したがって、私は、「自の認識」が肉体からはなれて変身したものが魂、と仮想されるのですが、その魂の存在を認めていませんし、つれて、転生の存在自体をも否定しています。私の認識では、肉体からはなれることのない「自の認識」が死と同時に消えてなくなるのは当然で、魂は、空想の産物、架空の存在であり、転生などあり得ず、死後の世界は「無」になるのです。

たしかに、「自の認識」が、肉体からはなれて魂に変身し、次の世の個に宿ることができる、

これが可能でなければ成立しない転生は、「自の認識」の不思議が源になっての空想の産物としか考えられず、その存在を確信すれば妄想（語句の説明⑦を参照してください）におちいったことにはなるのでしょうが、とはいっても、古の昔から、人々が、「自の認識」の不思議を感じ、「自の認識」は転生によってありつづける、と考えたのは事実ですし、死後の世界はだれもが知り得ない、したがって、なにがあるかがわからないところですから、話が終わっては困ることもあり、この後も、「自の認識」が、個に備わった本能としてあるものかどうかはさておき、肉体から抜け出て魂に変身することがあり得なくはなく、しかも、その魂が、生まれかわりのつなぎ役、すなわち、転生のつなぎ役をはたしているのかもしれない、このような可能性を残して話をすすめることにします。

では、かりに、転生があるとし、しかも、転生する主体が「自の認識」、とすると、「自の認識」はどのような仕組みで次の世の個に宿るのか、これが問題になりますが、その答は、「自の認識」が個の死と同時に滅びゆく肉体からはなれて魂に変身し、その魂が、次の世に移行、そこで新しく誕生する別の個に宿り、宿ると同時に「自の認識」にもどってその個の「自の認識」、となる、これしかありません。

したがって、ここは、かりに、転生がある、とすれば、その主体は「自の認識」である、このように結論づけて終わることにします。

それはそれとして、今後の記述では、感覚的に、ではあっても、実感のできる「自の認識」はともかく、「魂」は、空想の産物、架空の存在で、私はそれが実在するとは考えていないのですが、「自の認識」が転生する主体であり、転生での個と個とのつなぎ役、魂は「自の認識」が肉体からはなれて変身したもの、このような仮定を容認しているかのようになっていることをここでおことわりしておきます。

(3)「自の認識」と記憶機能

私の認識では、「自の認識」は肉体からはなれては存在しない、このようになるのですが、しかし、それでは、転生に必須な魂が存在しないことになりますから、死後の世界は「無」になりますし、転生もあり得なくなって話が終わってしまいます。話が終わっては困りますので、「自の認識」は肉体から抜け出て魂に変身することができるかもしれない、このように仮定の範囲をひろげて、「自の認識」を考えてみることにします。

人間ならだれでもが持っている、自と他を区別して認識する先天性で本能ともいえる「自の認識」は、自を感覚的に認識するだけですから、記憶機能を持っていません。ですから、「自の認識」がはたらけば、自を自として認識し、自を自覚することはできるのですが、しかし、そのはたらきだけでは、たとえば、自分の名前は「なんのたれべい」で、経歴は「これこれ」、このようなことは認識できないのです。それを認識するには、自分の名前は「なんのたれべい」で、「どこそこの学校」を卒業して、「これこれの職業」に就いていた、このような記憶の助けが必要なので、いわば、記憶によって「自の認識」が具体化されることになるのです。
だれでもが持っている先天性で本能ともいえる「自の認識」に記憶機能がないのは、過去の記憶を失うと（逆行性健忘症など）、「自の認識」そのものは健在で、感覚的には自を自として認識することができても、自分の名前さえもわからなくなることがある、こんな現象からもあきらかです。

要するに、だれでもが持っている先天性で本能的な「自の認識」には記憶機能がありませんので、「自の認識」のはたらきだけでは、感覚的に自を認識することはできても、具体化された自は認識できないのです。それを認識するには、すなわち、具体化された自を認識するには、それぞれの個が持っている記憶の助けが必要なのです。ですので、これから後、小著では、「先天性で本能的な自の認識」を、単に、「自の認識」、と呼び、それに記憶が付加されたものを、架空の存在で、実際には存在せず、私の仮想が生みだしたものでしかないのですが、かりに、「記憶をともなった自の認識」、と呼ぶことにします。

感覚的に自を分別《ぶんべつ》するだけの「自の認識」、そして、それに生後獲得された記憶や経験が付加されて具体化された「記憶をともなった自の認識」、そのどちらもが「自の認識」ではあるのですが、この後述べるように、かりに、「自の認識」が肉体からはなれて生まれるのが魂であるとしても、肉体からはなれて魂に変身できるのは、先天性で本能的な「自の認識」部分だけで、生後獲得された記憶や経験部分は、当然ながら、魂にはふくまれません。したがって、かりに「自の認識」が次の世に引きつがれることがある、としても、生後獲得された記憶や経験部分が次の世の個に引きつがれることはないのです。

かりに、転生が、転生される個の誕生時でなく、ある程度成長し、その個に「自の認識」が備わってからなされた場合を仮定して考えてみると、死によって身体をはなれ、魂に変身した「自の認識」が、転生される個の「自の認識」をその体内から追いだし、それにとってかわることになります。この場合、転生された個の心《こころ》には、「自の認識」は入れかわりましたが、もともと持っていた記憶はそのままあるはずですから、宿る「自の認識（魂）」に記憶機能があっては不合理になるのです。なぜなら、宿る「自の認識（魂）」が記憶をともなっている、とすると、その「自の認識」にともなっている、たとえば、「自分は××小学校を卒業したのだ」、という記憶と、転生された個がもともと持っていた、「自分は○○小学校を卒業したのだ」、という記憶が共在することになってしまい、記憶に整合性がなくなってしまうからです。この例は、まあ、転生が、実際にはあり得ない、生まれかわる個がある程度成長してからの仮定でのものではありますが、仮定の範囲をここまでひろげてみると、「記憶をともなった自の認識」が転生の主体になり得ないのが理解できるように思われます。

このように、転生する主体が、「記憶をともなった自の認識」ではなく、記憶機能のない「自の認識」ですから、転生した次の世の個に生前の個の記憶が引きつがれることはない、となるのですが、再度、「記憶をともなった自の認識」が転生する主体になり得ないことを確認しておきます。

「自の認識」に記憶が加わったもの、それが「記憶をともなった自の認識」ですから、これが転生する主体であれば、生前の個の記憶が転生した個につながることになります。たしかに、「記憶をともなった自の認識」が転生する主体で、個の死と同時にそれが肉体からはなれて魂に変身、その魂が、次の世の個に宿り、「自の認識」にもどって、宿った個の「自の認識」になるのであれば、魂も記憶をともなっているでしょうから、生前の個にあった記憶が次の世の個につながる可能性があります。しかし、かりに、生まれかわった個が生前の個が持っていた記憶を引きついでいる、とすれば、その生まれかわった個は、新生児であっても、記憶を持って生まれてくることになりますし、また、そのだれもが前世での自分が何者であったのかがわからなければなりません。しかし、そんなことはなく、新生児はすべてが記憶ゼロ状態で生まれてくるのですし、自分の前世がわかる人、これも皆無ですから、結局、「記憶をともなった自の認識」が転生の主体となる可能性はない、となるので、生前の個の記憶が転生後の個に引きつがれることはない、このことは、転生現象がある、とすればですが、客観的事実、とみなすこともできるのです。

このほかに生前の個の記憶を転生した次の世の個に引きつぐ術はありませんので、かりに、転生がある、としても、生前の個の記憶が転生した個に引きつがれることはなく、引きつがれるのが、記憶機能のない「自の認識」だけですから、転生にどれだけの意味があるのかが疑問にもなるのです。

世のなかには、自分はだれそれの生まれかわり、といったり、自分の前世を夢でみた、などのお話がかならずしも稀ではありません。しかし、自分はだれそれの生まれかわり、これを確信しているとすれば、それは、自らの作り話を、真実、と確信したか、あるいは、他から聞かされた、たとえば、「お前はだれそれの生まれかわりだ」、などというお話を脳裏に想い描き（空想）、それを、真実、と確信したもので、すなわち、妄想におちいっているのですし、自分の前世を夢でみるのは、夢には夢主が空想さえできればすべてが現実となって表現されますから、夢主が自分の前世を空想できただけなのです。

なぜ、現世に自分の前世を知っている人がいないのか、それは、かりに、現世に、自分の前世を知っている人、すなわち、前世の記憶を受けついで現世に生まれかわった人と、自分の前世を知らない人、すなわち、前世の記憶を失って現世に生まれかわった人がいる、とすれば、転生のなかだちをする魂が、変身する際、本能的な「自の認識」が変身したものと、「記憶をともなった自の認識」が変身したものとに分けられなければなりません。

私は、転生がある、とすれば、転生するのは本能的な「自の認識」しかない、と認識していますので、そのように分けるシステムはない、と考えていますが、『生まれ変わりの村　森田健著（河出書房新社）』に、自分の前世を知っている人と知らない人、死後の世界で人々をこのような二つのグループに区分する仕組みについて、死後の世界では、橋のたもとで老婆がスープを煮ている。このスープは死者にくばるためのもので、それを飲むと生前の記憶をなくしてしまうが、飲まなければ生前の記憶を消さないですむ。多くは、その魅力に負けてスープを飲んで生前の記憶をなくしてしまい、生前の記憶を失って現世に生まれかわってくるのですが、なんとかがんばって飲まなかった人は、生前の記憶を持ったまま現世に生まれかわってくる。

この話は、死に際してではなく、死後の世界にはいってからですから、おかれた状況に若干時間のずれはありますが、こんな「魔法のスープ」のいい伝えが中国の奥地の村にあることが紹介されています。

しかし、このようなお話はよくあるのですが、たしかに、漫画チックで面白いにしても、フィクションとしてはともかく、いかにそれが死後の世界であっても、実際にはあるはずがないのです。なぜなら、死後の世界ではあり得ないであろう、たとえば、「スープを煮る」など、現世での現象をサンプルにし、現世での言語を使って死後の世界を描いても、それが正解である確率はかぎりなく〇%にちかいはずだからです。

現実に、前世の個の記憶を引きついで現世に誕生した個がいれば、前世の個の記憶が転生した個に引きつがれる仕組みを探らなければなりませんが、そんな個はいないのですから、前世の個の記憶を転生した個に引きつぐ仕組みはない、と考えるしかないのです。

　このように、前世の個の記憶を引きついで生まれかわった人がいないのが現実ですから、フィクションでないかぎり、前世の個の記憶が転生した次の世の個に引きつがれる、こんなことはあり得ない、としかならなくなります。

　つまり、かりに、転生がある、としても、生前の個にあった記憶が転生した次の世の個に引きつがれることがないのですから、記憶や経験などで具体化されている「記憶をともなった自の認識」は転生する主体にはなり得ない、となるのです。なぜなら、「記憶をともなった自の認識」が転生する主体であれば、生前の個から転生した個へ記憶がつながり得ることになり、たとえば、記憶を持った新生児が生まれてくる、こんな矛盾が生じるからです。

　一方、個に備わった本能的な「自の認識」も、心身一如《しんしんいちにょ》であればもちろん、かりに、心身が二重構造であった、としても、肉体からはなれて魂になど変身して存在することはない、と考えられるのですが、しかし、これには確証がなく、一応、仮想です。したがって、可能性はほとんどないのでしょうが、先天性であり、かつ、本能的な「自の認識」ではあっても、肉体からはなれて魂に変身できる、と考えることができれば、この「自の認識」には記憶機能がないのですから、現世に自分の前世が何者であったかがわかる人がいない、新生児は記憶ゼロで生まれてくる、これらの事実にも矛盾しないで転生する主体になり得る、すなわち、記憶機能を持っていなくて、感覚的に自（自己）を認識するだけの、本能として個に備わっている「自の認識」、これだけが転生する主体になれる可能性が、わずかながらある、となるのです。

ちなみに、六才で死に、前世での記憶をたもったまま、現世で別の子どもに生まれかわった、とされる有名なお話があります（勝五郎再生記聞「平田篤胤《あつたね》」）。

武州多摩郡（現・東京都八王子）の農家の子ども、勝五郎が、八才のときに、「自分のもともとは、程窪村（現・東京都日野市）で生まれ、六才のときに疱瘡（天然痘）で死んだ藤蔵という子どもだ」、こんな話をしだしました。「父の名は久兵衛、母の名はおしづで、久兵衛が死んだ後は半四郎という人が父になった」など、自分の前世でのあり様を話したのだそうです。そこで、驚いてたしかめてみると、勝五郎が語ったことは、まさにそのとおりだった、こんなお話です。

では、実際にこんなことがあり得るのか、となると、それはないので、たぶん、それは、だれかに聞かされたことを、生まれたときから持っていた記憶、と勘違いして確信したか、あるいは、だれかに聞かされたことが夢に現れ、それを現実、と誤認し確信したかのどちらか、と思われます。なぜなら、かりに、現世から現世への生まれかわりがある、としても、転生の主体「自の認識」に記憶機能がないのですから、それが身体からはなれて変身する、と仮想される、生前の個と、生まれかわった、とされる現世の個とのつなぎ役、魂にも記憶機能がないわけで、この二つの個に記憶のつながりがあるはずがないからです。

したがって、勝五郎が、だれかから聞いた、自分の前世でのことがらを、だれからも聞いたわけではなく、もともと自分の記憶にあったこと、と誤認、それを確信したのであれば、誤認したことがらを脳裏に描き、それを真実、と確信したのですから、この少年は妄想におちいっていたことになりますし、だれかから聞いた、自分の前世でのことがら、というお話、それを夢にみて、目覚め後に、みた夢の内容を真実、と誤認し確信したのであれば、この少年は、目覚めてからも脳裏に睡眠時思考が残っていたわけで、せん妄におちいっていたことになるのです。

(4)　転生がなされるのは、転生される個の誕生時です

代々別の個に転生する、こんなことが、ある、とすれば、転生する主体は「自の認識」で、それを次の世の個につなぐのは「自の認識」が肉体から離脱することで変身した魂ですから、「自の認識」が、その持ち主が生きている途中に肉体から抜け出して魂に変身、転生しようとする個が生まれてくるときにその個に宿るか、あるいは、その持ち主が死んだときに肉体をはなれて魂に変身、しばらくはどこかでさまよっていたとしても、転生しようとする個が生まれてくる、と同時に、その個の体内に宿らなければなりません。なぜなら、魂が宿るのは、この後述べるように、生まれかわる個に、自分の「自の認識」が備わる前でなければならないからです。かりに、生まれかわる個が、誕生するときでなく、ある程度成長しているのであれば、その個にはすでに「自の認識」が備わっているはずですから、宿ろう、とする魂は、その個が持っている「自の認識」をその個の体内から追いだしてとってかわらなければならないことになります。しかし、

宿ろう、とする魂（「自の認識」）が他の個が持っている「自の認識」をその身体から追いだして、とってかわる、こんなことができるはずがないのです。

つまり、転生がなされるのは、他の個の持っている「自の認識」をその身体から追いだすことはできませんから、転生される個の「自の認識」が芽生える前、すなわち、その個の誕生時でなければならないのです。

転生がなされるのは転生される個の誕生時でなければならない、このことは、転生現象がある、とすればですが、客観的事実、とみなすことができるのです。先の勝五郎の場合も、実際はわかりませんが、八才のときに話した、となっていますので、前世の個、藤蔵の死が、話をしたときの八年以上前でなければ、それだけでつじつまが合わないことになります。

代々が生まれかわり、とされるチベット仏教でのダライ・ラマを例に考えてみます。

七世紀にインドからチベットに仏教が伝わり、チベット土着の宗教、ボン教（古代チベットの支配階級が持っていた民族宗教）と混合してチベット仏教が誕生しました。

ダライ・ラマ（ダライは大海、ラマは師僧の意）は、チベット仏教の大僧院、デープン寺での生き仏とされ、今はインドに亡命中ですが、チベット王の俗称ともなっています。そのダライ・ラマの「自我（心）」は、かわることなく、何度でも転生する、とされていますので、現在のダライ・ラマ十四世は、十三回転生を繰りかえして生まれてきたことになります。このように、ダライ・ラマは、現世から現世への転生を繰りかえすことで誕生することになっていますので、ダライ・ラマが死ぬと、どこかに生まれかわりがいるはず、と係の人が国中を探しまわるのだそうです。もちろん、現世にある人間が死んで、現世の別の人間に生まれかわる、こんなことは、来世を次元のない「無の世界」、と考えている私の発想ではあり得ないのですが、しかし、来世は、だれもが知り得ない世界ですから、それをだれがどのように想定しても、ぜったいにあり得ない、とはいえないわけで、ダライ・ラマの場合がそうであるように、死んでも現世の別の人間に生まれかわる、とする想定も、それを全否定はできないのかもしれないのです。

では、転生を繰りかえすことは、「自の認識」が受けつがれていくことですから、実際にダライ・ラマの「自の認識」が代々現世の別の人間に受けつがれていくことがあり得るのかを考えてみます。

ダライ・ラマの場合、死後に探しあてるダライ・ラマの生まれかわりはほとんどが少年のようですから、その少年にはすでに「自の認識」が備わっています。とすると、その少年がダライ・ラマの「自の認識」を持つためには、少年が生まれるときに、ダライ・ラマの「自の認識」が、ダライ・ラマが生きている間にダライ・ラマの肉体から抜け出して魂に変身、生まれてくるその少年の体内に宿るか、あるいは、ダライ・ラマの「自の認識」が、ダライ・ラマが死んだとき、ダライ・ラマの肉体から抜け出して魂に変身、生まれかわりとされる少年の体内から少年の「自の認識」を追いだし、それにとってかわるかのどちらかになります。

しかし、「自の認識」は、個固有の本能ともいえるもので、生きている間は継続してあるはずの「自の認識」ですから、それが生きているダライ・ラマの身体から抜け出して魂に変身するなどはあり得ませんし、また、かりに、ダライ・ラマの死に際して、ダライ・ラマの「自の認識」が身体からはなれて魂に変身した、としても、その魂が少年がすでに持っている「自の認識」をその少年の体内から追いだす、こんなこともできるはずがありませんから、かりに、転生、という現象のあることを容認した、としても、ダライ・ラマの「自の認識」を、ダライ・ラマの生まれかわり、とされる少年が引きつぐのは不可能で、結局、チベット仏教で想定されている、「ダライ・ラマは代々が生まれかわり」、これはあり得ない、となります。

なお、転生がなされるとき、宿る「自の認識（魂）」に記憶機能がありませんので、転生される個の記憶は、あってもなくてもいいのですが、転生がなされるのが誕生時ですので、必然的に、転生される個の記憶もいまだないことになります。このように、転生される個は、常に、記憶ゼロ状態からスタートするのですから、転生が繰りかえされても、代々の記憶が個に累積されていくことはないわけです。

2　心身一如思考と心身の二重構造思考

死ねば肉体は滅びるのですが、これは、目でみてわかりますから、だれでも納得できます。とすれば、次の世、かりに、別の個に転生する、とすれば、どんな世界に転生するにしても、滅びゆく肉体とは別のなにかが必要になります。滅びゆく肉体とは別のなにか、それを、死と同時に、「自の認識」が、肉体から離脱、変身して生まれる魂であろう、と私は考えているのです。

　要するに、私の理解では、かりに、転生、という現象がある、とすれば、生きているときには肉体と共在していた「自の認識」、それが死と同時に肉体から離脱して魂に変身、その魂が、次の世の個に宿り、宿ると同時に「自の認識」にもどる、その繰りかえしで、「自の認識」は消えずにありつづけることになるのです。このように、転生が可能であるためには、「自の認識」が肉体からはなれ得る存在でなければなりませんから、転生を容認すれば、人間は心と肉体の二重構造になっている、とする、「心身の二重構造思考」が必須になるわけです。

　一方、来世を、次元のない「無の世界」、と想定し、転生などあり得ない、と認識している私などは、心と身体は一体的なものではなれては存在しない、すなわち、「心身一如思考」になりますし、曹洞宗の始祖、道元も、「心身一如」を説いて、「心身の二重構造思考」を否定しています。私の理解するところでは、道元も転生現象の存在を否定しているのです。

　つまり、「心身一如思考」と「心身の二重構造思考」とは対義語で、「心身一如思考」では、心と身体は一体的なもので、それがはなれて存在することはない、となるのですが、「心身の二重構造思考」では、心と身体は、はなれることが可能であり、ときには別々に存在することがある、となるのです。

ついでにつけ加えておきますと、心身一如であれば、必然的に、死後の世界は「無」になりますし、死後の世界が「無」であれば、必然的に、心と肉体のあり様は心身一如になります。なぜなら、死後の世界が「無」であるためには、肉体の生命活動が終わると同時に心《こころ》の活動も停止しなければならず、それには、「心身一如」でなければなりませんし、「心身一如」であれば、肉体の生命活動が終わると同時に心の活動も停止し、死後の世界が自ずと「無」になるからです。つまり、死後の世界が「無」であるためには、「心身一如」でなければなりませんし、「心身一如」であれば、死後の世界は「無」になるのです。したがって、「心身一如」を説いている道元は、死後の世界を、「無の世界」、と認識していたことになるのです。

3　私の想定している死後の世界

死後の世界は、次元の存在しない「無の世界」、これが私の基本的な理解です。

⑴　死後の世界は、次元の存在しない「無の世界」

私は、仏教徒ではありますが、仏教信者ではありません。なぜなら、我が家には先祖代々からの檀那寺があり、私も自然のながれで仏教徒になってはいるのですが、しかし、描く死後の世界が私と仏教では違うからです。仏教の描く死後の世界は、主に、浄土や六道など、その秩序が整然としているか崩壊しているかはともかく、次元のある「有の世界」ですが、私の描く死後の世界は、次元のない「無の世界」なのです。

それはそれとして、これから、私の描く死後の世界が、なぜ、「無」なのかを説明するのですが、その前に、私たちの住む世界を次元を軸に考えておくことにします。

私たち夢をみる動物は、目覚めていての現実の世界、眠っていての夢の世界、現実と夢の混ざり合った混合の世界（目覚めと眠りの境界領域）、そして、死んでからの死後の世界、この四つの世界に住むことになっている、と私は考えています。これら四つの世界を次元を軸に分類すると次のようになります。

目覚めていての現実の世界は、空間プラス時間の四次元の世界で、しかも、空間には広さが、時間には長短と前後が、それぞれ整然として存在します。すなわち、目覚めていての現実の世界は、次元の秩序が確立している四次元の世界です。

眠っていての夢の世界は、夢主が空想や回想さえできれば、それらがすべて現実となって表現される世界で、次元はあってもその秩序が崩壊していますから、空間は広さが、時間は長短や前後が、それぞれ無視されて表現されます。したがって、夢の世界では、夢主が空想さえすれば、遠くはなれた外国にはもちろん、月にさえも歩いていけますし、また、長時間での出来事が瞬時に表現されたり、すでに死んだ人が生きている姿で、あるいは、まだ生きている人が死んだことになって、それぞれ出てくることも茶飯《さはん》です。すなわち、眠っていての夢の世界は、空間も時間もある四次元の世界ではあるのですが、その秩序が崩壊しているのです。

目覚めていての現実の世界と、眠っていての夢の世界が混ざり合った混合の世界（目覚めと眠りの境界領域）は、秩序の確立している次元と、秩序が崩壊している次元が混ざり合った四次元の世界ですから、そこには、整然とした広さのある空間と、整然とした長さや前後のある時間、それと、広さの秩序が崩壊した空間と、長短や前後の秩序が崩壊した時間、これらが混ざり合って表現されます。

目覚めていての現実の世界と、眠っていての夢の世界、そして、その二つが混ざり合っている混合の世界、これらは現世であり、そこには、秩序が確立しているか崩壊しているかはともかく、次元があるのですから、当たり前のこと、私たち動物の持っている五感（視覚・聴覚・嗅覚・味覚・触覚）の対象になることがらも存在します。このように、現世、すなわち、目覚めていての現実の世界と、眠っていての夢の世界、そして、混合の世界には、共に、次元があり、五感の対象物がありますので、そこは「有の世界」になります。

一方、私たちが死後に住む世界、すなわち、来世（死後の世界）を、私は、次元のない世界、と想定しています。したがって、そこには、時間も空間もないのはもちろん、五感自体がないのですから、当然、それ（五感）の対象になることがらも存在しません。とすれば、そこ（来世）は、私たちが想い描けるものがなにもありませんので、「無の世界」になります。

　ちなみに、私たちが想像できる世界は、秩序の確立した次元のある「有の世界」、すなわち、目覚めていての現実の世界と、秩序の崩壊した次元のある「有の世界」、すなわち、眠っていての夢の世界、この二つが混ざり合った「混合の世界」、すなわち、目覚めと眠りの境界領域、そして、次元のない「無の世界」、すなわち、私の想定している死後の世界、この四つになるのですが、しかし、私たち人間が描く来世像（死後の世界）は、「混合の世界」のはいらない、秩序の確立した次元のある「有の世界」と、秩序の崩壊した次元のある「有の世界」、そして、次元のない「無の世界」、この三つしかありません。なぜなら、私たちが、眠っていての夢で描かれる世界を来世像とする場合、夢の世界そのものを来世、とするわけにはいきませんから、夢になぞらえて描くことになりますが、その際、夢になぞらえて描かれた世界にも、混合の世界と同じように、次元の秩序が確立していることがらと次元の秩序が崩壊していることがらとが混ざり合って出てくるのが普通だからです。したがって、私たちは、「混合の世界」と夢になぞらえて描かれた世界との区別ができず、「混合の世界」は、夢になぞらえて描かれた世界、としてあつかうより仕方がないのです。

　それはともかく、なぜ、私が、来世を次元のない「無の世界」、と想定しているのか、それは、個が先天的に持っていて本能ともいえる「自の認識」は、私が基本的に心身一如思考の持ち主だからですが、生きているときはもちろん、死に際しても、肉体からはなれては存在しない、と考えるからです。要するに、転生がある、とすれば、「自の認識」が肉体からはなれることで変身した魂が現世の個と来世の個をつなぐ役割を担う、と考えるのですが、生きているときも死に際しても、「自の認識」は、身体をはなれては存在せず、魂になど変身できない、と私は理解しているのです。「自の認識」が魂に変身できないのですから、死によって肉体が機能を失う、と同時に、「自の認識」をふくめて、心も消えてしまうわけで、必然的に、死後の世界は「無」になるのです。

それでは、「記憶をともなった自の認識」は転生の主体になり得ないのか、となりますが、それはありません。なぜなら、「記憶をともなった自の認識」が、身体からはなれて魂に変身、次の世の個に宿れば、記憶が現世の個から次の世の個につながることになりますが、『Ⅰ1⑶「自の認識」と記憶機能』で述べたように、記憶が現世の個から転生した次の世の個につながることはない、これは、転生がある、とすれば事実だからです。

つまり、「記憶をともなった自の認識」が転生する主体にはなり得ないのは、自分の前世を知っている人がいない、新生児は記憶ゼロで生まれてくる、これらが事実ですから間違いありませんし、個が先天的に持っていて本能ともいえる「自の認識」も、心身一如であれば、生きているときはもちろん、死に際しても肉体からはなれ得るとは考えられず、転生する主体になどなれないのです。とすれば、いずれの「自の認識」も、肉体の活動が停止する、と同時に、消えてなくなることになり、生前の個と、転生するはずの次の世の個とをつなぐ、と仮想される魂さえも存在しなくなる、すなわち、心的には、死後に残るものがなにもないのですから、人が死ねば

「無」になる、いいかえれば、死んだ人は、「無の世界」にはいる、このほかのいき先はない、としかならないのです。

とはいっても、古の昔から、人々が転生を考えたのは事実ですし、死後の世界はだれもが知り得ない、したがって、なにがあるかがわからないところですから、この後も、転生思考を全否定しないで述べていくことになりますが、その際、転生する主体、となるのは、転生する主体になり得ないことが事実で証明されている「記憶をともなった自の認識」ではなく、身体からはなれることがかならずしも否定できず、転生の主体となる可能性がちょっとだけでも残っている、記憶をともなっていない、本能的な「自の認識」になります。なぜ、本能的な「自の認識」に、転生の主体となる可能性がちょっとだけ残っているのか、それは、心身一如思考が一〇〇％正解である、とはかならずしもいえないからです。

したがって、本文のなかで、次の世にふたたび現世の人間世界に生まれかわる、このように想定されることがありますが、その場合でも、生前の個の記憶が転生した次の世の個につながることがありませんので、次の世の個は、記憶ゼロからのスタートになります。なぜなら、その場合にも、「Ⅰ1(4)転生がなされるのは、転生される個の誕生時です」で述べたように、転生する次の世の個は誕生時で記憶はゼロのはずですし、転生する「自の認識」は、記憶をともなっていない本能的な「自の認識」で、記憶や経験で具体化された「記憶をともなった自の認識」ではないからです。

それはそれとして、現世にある私たちにとって、死後の世界が「有の世界」でなければ支障があるのか、というのが問題です。その答は、私たちにとって、死後の世界は、「有の世界」、「無の世界」、どちらであっても同じこと、となります。なぜなら、転生があるにしてもないにしても、現世にあった個は、死によって、「自の認識」はもちろん、心全体が消えて、転生がある場合は、自分の「自の認識」を引きついだ個がどんな世界にあってもそれを認識できないのですし、転生がない場合は、死後のいき先は「無の世界」になるのですが、それも認識できないからです。いずれにしても、今、現世にある個は、死後に生まれかわる世界が、「有の世界」であっても、あるいは、「無の世界」であっても、それを認識できないのですから、どちらであっても同じことでしかないのです。

ところで、私は、次元のある世界を空間プラス時間の四次元の世界に限定して述べているのですが、しかし、来世が、現世のような四次元の世界ではなく、異次元の世界、すなわち、一次元、二次元、三次元、あるいは、五次元以上の世界である可能性はないのか、このような疑問がなくもありません。かりにそのような世界がある、とすれば、来世、私たちは、一次元、二次元、三次元、そして、五次元以上の世界、そのどれかに住むことになります。しかし、私たちの現世的思考では、それが人間であっても畜生であっても、個が、異次元の世界、すなわち、一次元、二次元、三次元の世界に住んでいる状態、これは想定の埒外にありますし、五次元以上の世界はその存在をさえも想定できません。結局、私たちが、想定できない世界、それはその存在を否定するよりほかありませんので、対象が空想しかできない死後の世界のことですから、そこが異次元の世界ではない、と決めつけることはできないのかもしれませんが、とりあえず、小著で想定されている次元のある転生先は四次元の世界だけが念頭におかれていることになります。なお、うごきのある世界は次元の一つに時間がはいっているものです。

(2) 生と死の間には領域がありません

心のあり様で生死が分けられる、と想定したとき、生から死へ、あるいは、死から生へ、このような移行がある、とすれば、その間に、生と死が、混合してあるか融合してあるかはともかく、共在している移行領域があるかもしれません。かりに、生と死が共在している領域がある、とすれば、生から死へ、そして、死から生へ、それぞれ移行するときはその領域を経由することになり、その場合の移行の仕組みは次のようになります。

生から死への移行は、現世、すなわち「生一〇〇％の領域」を出発、死を取りいれることで、生の含有比率を減らし、死の含有比率を増やしながらすすみ、来世、すなわち「死一〇〇％の領域」にはいって完了します。逆に、死から生へ移行するときは、来世、すなわち「死一〇〇％の領域」を出発、生を取りいれることで、死の含有比率を減らし、生の含有比率を増やしながらすすみ、現世、すなわち「生一〇〇％の領域」にはいって完了するわけです。

かりに、このような移行がある、とすれば、移行途中の心には生と死が共在していることになります。しかし、生と死が共在している状態、たとえば、生が五〇%で死が五〇%であるときの心のあり様、それがどのような状態であるのか、それを私たちの現世的思考では想定ができないのです。あるいは、眠っている状態がそれに該当する、と考える人がいるかもしれませんが、しかし、それはありません。なぜなら、「Ⅶ1 眠った状態と死んだ状態との類似性は」のところで述べられるように、眠りと死には共通するところがそれほど多くない、すなわち、眠りは生と死が共在しているような状態ではないからです。

とすると、想定不能な現象はそれを否定するしかありませんので、結局、生と死が共在している領域は存在しない、となります。生と死が共在している領域がない、これは、すなわち、生と死の間が線で区切られていることになり、必然的に、生きているか死んでいるかのどちらかになるのですから、「生きているでもないが死んでいるでもない」、このような状態はないわけです。

生と死の間が線で区切られている、このことは、死後の世界を、次元のない「無の世界」、と想定しても、あるいは、現実の世界や夢になぞらえて描かれた世界、すなわち、次元のある「有の世界」、と想定しても、これら二つに、生から死への、あるとすれば、死から生への、それら移行に違いがあるわけではありませんから、共通した現象になります。

つまり、現世的思考の枠内では、生と死の間にそれらが共在する領域を想定できませんので、そこ（生と死の間）は線で区切られている、となるのです。

(3) 生から死への移行は、単方向性であり、しかも、刹那です

「Ⅰ3(2) 生と死の間には領域がありません」で述べたように、生と死との間にはそれらが共在している領域はないのですが、そうではあっても、生から死へ、かりにあるとすれば、死から生へ、それが、双方向性であるか、単方向性であるかはともかく、移行があるのは事実です。

たしかに、生から死へ、死から生へ、このような双方向性の移行も仮想はできるのですが、しかし、現世と来世は、来世が「無の世界」であれば当然、かりに「有の世界」であっても、生きている人間が死後の世界をちょっとのぞいてくる、あるいは、死んだ人間が生前の世界（現世）をちょっとのぞきにくる、こんなことができないように、いったりきたりができるところでないのは間違いありません。したがって、移行ができるのは、どちらか一方向に一回だけです。とすると、死ぬことはできるが、生きかえることはできない、すなわち、「死後の世界へいってもどってきた人はいない」、これは客観的事実ですから、したがって、現世に誕生した個のできる移行は、現世（生）から来世（死）へ、これしかないことになります。ですから、死後の世界をみてきた人がいないので、死んでしまえば生きかえることはぜったいになく、生きかえった人がいるとすれば、その人は死んでいなかっただけなのです。たとえば、「Ⅱ4 死後の世界にいって現世にもどってきた人はいますか」のところに出てくる夏目漱石がそうであるように、死んでから生きかえった、こんな話がなくはありませんが、かりに生きかえった、とすれば、それは、仮死状態にはなったかもしれませんが、死んではいなかったのです。

現世に誕生した個のできる移行は、現世（生）から来世（死）へ、これしかない、それはいいのですが、それでは、かりに、来世（死後の世界）で誕生した個がいたら、その個は来世（死）から現世（生）に移行ができるのか、という問題が発生します。

たとえば、六道輪廻では、人間や畜生が死んで餓鬼や修羅などに生まれかわるなど、現世から来世に転生することがあるわけで、転生する相手は誕生時でなければなりませんから、必然的に、来世で誕生する個が想定されていなければなりません。問題は、そのように想定したとき、来世（死後の世界）で誕生した個が現世に移行ができるかどうかです。しかし、死後の世界から現世に移行した個はいない、これは客観的事実ですから、したがって、来世（死）から現世（生）への移行、これはあり得ない、とするしかなく、結論は、現世と来世間の可能な移行は、「現世から来世への移行、一回だけ」、となります。実際、六道輪廻思考でも、来世で誕生する個がいないと六道輪廻が成立しないにもかかわらず、誕生した個の処遇に窮したからか、来世で誕生する個は想定されていないのです。かりに、来世で誕生する個を想定しても、その個は現世への移行ができませんし、永久に生きている個はない、すなわち、これまた、客観的事実、として、誕生があれば、かならず死があるのですから、死後の世界で誕生したその個の死は、さらなる死になるわけで、この現象は、私たちの現世的思考では想定ができないのです。ここで早くも、「はじめに」でおことわりしたように、死後の世界の話は、こっちの合理性を求めると（来世、すなわち、死後の世界に誕生する個を想定すること）、あっちの合理性が失われる（死後の世界で誕生した個がさらなる死が必要になること）、これが現実、となって現れているようです。たしかに、六道輪廻は、人界や畜生界などの現世と、地獄界や餓鬼界、修羅界、天界などの来世（死後の世界）をめぐるのですから、生と死を繰りかえしているわけで、転生に必要な来世で誕生する個、これがないと六道輪廻思考自体が成立しなくなります。来世で誕生する個がなければ六道輪廻思考が成立しないのに、それが想定されていない、この矛盾については、六道輪廻を案出したときには気づかなかったのかもしれず、六道輪廻思考のかかえる矛盾、として残しておきます。まあ、これは、架空の世界、空想の世界の話ですから、私の述べていることがらにも矛盾や不合理があるかもしれず、仕方がないのかもしれません。なお、この矛盾は、来世に、転生することなく、霊のままにある神道的思考にはないのですが、来世での転生が想定されている浄土思考などにも存在します。

　六道輪廻思考のかかえる矛盾はともかく、私たち現世にある人間が移行できるのは、死んだ人間が生きかえることがない、これは客観的事実ですから、生から死へ、これだけなのですが、生と死の間に領域がなく、そこが線で区切られている、とすれば、その移行は刹那でなされることになります。なぜなら、生死を分けるのが心のあり様であれば、その心が生と死の境である線上に静止している、こんなことはあり得ないからです。

　つまり、今、現世にいる私たちができる移行は、生から死への一方向に一回のみ、しかも、その移行は刹那になされることになるのです。そして、当然ですが、今、死後の世界にある個は、そこで誕生した個でないかぎり、すでに一回、生から死へ移行しているのですから、今後の移行はないわけで、消えてしまわないかぎり、永久に今の世界（死後の世界）にいることになります。

さらにいえば、生と死の間でできる「自の認識（魂）」をふくめた個の移行が、生から死への一方向、一回のみ、とすれば、かりに転生がある、としても、一度、死後の世界に転生したら、死から生への移行ができないのですから、転生した「自の認識」は、その後、死後の世界をめぐっているしかないことになります。これが正しい、とすると、たとえば、六道を輪廻している場合、一度、来世にある地獄道や餓鬼道、修羅道、そして天道に転生したら、現世にある人道には転生できないのですから、永久に六道から抜け出られないことになり、六道輪廻思考自体が成立しなくなります。なぜなら、六道から抜け出るには、人道にあっての我執《がしゅう》（語句の説明①を参照してください）からの離脱が必要条件だからです。結局、現世から来世へ、来世から現世へ、この往来が必要な六道輪廻思考は、それ自体が合理性に欠けた思考、となるのです。

死後の世界にいったら、現世には帰ってこられないのだから、かりに転生があるにしても、死後の世界をめぐっているしかない、これはそのとおりかもしれませんが、それでは、死んでも死後の世界にいかず、現世を輪廻しつづけることはできないのか、という疑問が残ります。死んだ人の「自の認識」が、死の瞬間に魂に変身、そのまま死後の世界にいかずに、この世に生まれてくる別の個に宿る、それを繰りかえしていけば、その「自の認識」は永遠に現世にとどまることが、理論的には可能だからです。それが可能であれば、その仕組みは次のようになります。

個が死んで現世から来世にいく、その際、個が現世から来世に移行する刹那の間に、「自の認識」だけが、その個の心や肉体からはなれ、魂に変身、現世にあったまま、現世に誕生する別の個に宿るのです。とすれば、死によって、肉体や「自の認識」以外の心は死後の世界にいっても、「自の認識」だけは現世にとどまっていることになります。これが可能であれば、「自の認識」は、現世内を輪廻するだけで、来世にはいかないのですから、それがつづいている間は現世にとどまっていることになるのです。六道輪廻思考も、現世だけを輪廻している、と考えることができれば、合理性がたかまるのですが、それについては、『Ⅷ1　転生する主体、「自の認識」が次元の秩序が確立している現世内の人間世界だけを輪廻している、とすれば』で述べてあります。

たとえば、「Ⅰ1⑷　転生がなされるのは、転生される個の誕生時です」のところに出てきたダライ・ラマも、現世から現世への転生を繰りかえすことで誕生することになっていますが、ダライ・ラマの「自の認識」が、来世にいかず、現世内で輪廻しつづけている、と考えれば、あり得るのかもしれません。ただし、ダライ・ラマが転生する相手は、誕生するときではなく、すでに「自の認識」が備わっている少年のようですから、宿ろう、とする魂が少年にすでに備わっている「自の認識」を追いだしてとってかわらなければならず、それはできませんので、やはり、ダライ・ラマの転生はあり得ない、としかならないことにかわりはなさそうです。

なにやら、話の方向が六道輪廻思考の矛盾や不合理を指摘する方向に傾いてしまったようですが、ここは、とりあえず、『「自の認識（魂）」をふくめた個の可能な生死間の移行は、生から死への一方向に一回のみ、しかも、刹那です』、これが結論になります。

4　人間以外の動植物、そして、風水の「自の認識」と「魂（霊）」

(1)　人間以外の動物の「自の認識」と「魂（霊）」

私たち人間は、だれでも、自（自己）と他（自己以外のもの）を区別して認識している、すなわち、「自の認識」を持っています。そして、かりに魂がある、とすれば、生きていてにせよ、死に際してにしろ、「自の認識」が身体からはなれて変身したもの、それが、魂、と私は考えています。したがって、魂ができるには、「自の認識」が肉体からはなれなければなりません。しかし、心身一如、したがって、来世を次元のない「無の世界」、と想定している私の理解では、「自の認識」は、個固有の本能ともいえるもので、一生の間、継続して肉体と共にあり、生きているときに肉体からはなれることがないのはもちろん、死に際しては、肉体の生命活動が終わると、同時に、魂に変身する間《ま》などなく消えてしまう、となっています。

それでは、心身一如でなく、心身が二重構造になっていて、心と肉体が分離可能で、来世が、秩序の確立した次元のある世界、すなわち、目覚めていての現実の世界か、秩序は崩壊しているが次元のある世界、すなわち、眠っていての夢になぞらえて描かれた世界かのどちらかである場合の「自の認識」は、個が死ぬ際に身体からはなれて魂に変身できるのか、となりますが、これも、かならずしも、あり得ない、とはいえないにしても、「自の認識」が個固有の本能ともいえる存在であることを考えると、難しいのは間違いなく、結論としては、魂は、実在しない架空の存在、と理解するのが、合理的、となります。とすると、架空の存在は空想能力がなければ想い描けませんから、実感される存在、「自の認識」はともかく、架空の存在、魂は、空想能力がほとんどないであろう人間以外の動物にはない、と考えるほかありません。人間以外の動物に空想能力があるのかないのかに問題がなくはありませんが、それらの動物が「月で餅つきをしているウサギ」を脳裏に描くことはできないでしょうから、まあ、人間以外の動物に空想能力がないのは間違いない、と思われます。

このように、空想能力のない人間以外の動物には、空想の産物、魂はない、と考えるしかないのですが、それでは、人間ならだれでもが持っている「自の認識」、これをそれらの動物が持っているのかを考えてみます。

魂は、架空の存在、と思われますから、それを想い描くには空想能力が必要です。しかし、「自の認識」は、感覚的な存在ではありますが、実感されるものですから、それを想い描くに空想能力は必要ありません。したがって、空想能力がほとんどないであろう人間以外の動物でも、感覚的な存在である「自の認識」、それを感受する能力さえ備えていれば、「自の認識」を持っている可能性が想像されるのです。

たとえば、犬を例に考えてみると、かれらには、ほかの犬をみれば、親愛の情をみせるとか、敵愾心をみせるとか、なんらかの反応がありますが、これらは、他を区別しての行動です。とすれば、他を区別して自を表現しているのですから、それができる動物には、「自の認識」がある、と考えても間違いはなさそうなので、一応、犬をふくめて、他を区別して自を表現できる動物は「自の認識」を持っている、と結論づけることにします。

つまり、空想能力がほとんどないであろう人間以外の動物には、空想の産物、魂はないが、実感のできる存在、「自の認識」はある、となるのです。

「自の認識」はあるが魂がない、とすると、これら畜生（人間以外の動物）の死後の世界はどんな世界になるのか、ですが、結論、としては、かれらの死後の世界は「無の世界」にしかならない、となります。なぜなら、次の世が「有の世界」、と想定する場合は、死と同時に「自の認識」が肉体からはなれて魂に変身、その魂が、天国や地獄で霊（魂）のままであるか、次の世で別の個に宿り、「自の認識」にもどって転生が完成してあるか、このどちらかを考えるのでしょうが、そもそも、畜生にはその魂がないからなのです。考えてみれば、魂の存在が空想できるから、転生の存在も空想できるので、魂の存在が空想できなければ、転生の存在も空想できないのですから、したがって、魂の存在が空想できない畜生に転生がないのは当然なのです。魂に変身できないかれら畜生の「自の認識」は、死と同時に消えてしまうしかなく、かれらに転生がないのはもちろん、かれらの「自の認識」が霊（魂）となって冥途（此岸から彼岸への旅路）でさまよっていることもあり得ないのです。そして、霊（魂）となって冥途でさまよっていることもないし、転生することもない畜生の死後のいき先は、「有の世界」にいけないのですから、「無の世界」になるわけです。ただし、畜生は、次の世への つなぎ役である魂を持っていませんから、自らは転生できませんが、「自の認識」は持っていますから、転生先になることはできます。

要するに、かれら畜生には次の世での転生がないのですから、かりに、人間が、次の世、畜生に転生した、とすれば、それまで転生しつづけてきた「自の認識」ではあっても、そこを最後に転生は途絶えてしまうことになります。したがって、六道のなかには畜生もふくまれていますが、かれら畜生に魂がない、とすると、畜生に転生すれば、理屈のうえでは、それ以上、輪廻することはなくなるので、これも六道輪廻思考のかかえる矛盾の一つです。

もっとも、空想能力が豊で、魂を想い描ける人間であっても、その魂自体が、空想の産物、いいかえれば、架空の存在なのですから、架空の存在、魂がなければ成立しない転生も架空の存在です。結局、魂も転生も実在しない架空の存在ですから、畜生の死後の世界だけではなく、人間の死後の世界も「無の世界」にしかならない、すなわち、六道輪廻も浄土もあり得ない、これが正解であろう、と私は考えています。転生があり得るためには魂が実在しなければならないのですが、その魂が架空の存在なのですから、転生現象そのものがあり得ないことになるのです。

(2) 草木の「自の認識」と「魂（霊）」

人間以外の動物には、「自の認識」はあるが魂はない、これはいいのですが、では、草木はどうか、となると、いささか問題があります。なぜなら、草木は、水がほしいときはしおれることで、肥料がほしいときは成長を止めることで、それぞれ自を表現している、と思えなくもないからです。しかし、草木は、そのような現象で自を表現しているのかもしれませんが、それが、自を認識しての現象なのか、さらには、自と他を区別しての現象なのか、となると、それは考えられませんので、ここでは、一応、草木には、「自の認識」はない、したがって、「自の認識」が本体から離脱することで生まれる魂（霊）もない、と結論づけておきます。草木に、空想能力があるはずがありませんから、空想の産物、魂（霊）がないのは当然なのです。

つまり、「自の認識」も魂もない草木は、転生しないのはもちろん、転生先にもなり得ない、となります。

(3) 風水の「自の認識」と「魂（霊）」

古の昔から、日本人は、木々や花々にはもちろん、流れる水や吹く風にも霊の存在を感じとっていて、その思考が神道に受けつがれました。

では、風水に本当に霊魂があるのか、となると、それはなさそうなのです。なぜなら、私は、「自の認識」が本体から離脱して変身したものを魂（霊）、と仮想しているのですが、人間は魂

（霊）の源となる「自の認識」を持っているにしても、風水は魂（霊）の源となる「自の認識」を持っていないからです。

つまり、自と他を区別する、こんなことがあり得ない風水には、魂（霊）の源となる「自の認識」自体がありませんし、しかも、架空の存在、魂（霊）は空想能力がなければ想定できないのですが、風水に空想能力があるはずもなく、いずれにしても、風水に魂（霊）はない、となるのです。

このように、風水にはもちろん、草木にも、転生する主体、「自の認識」がなく、したがって、それが変身して生まれる魂もありませんから、かりに転生現象がある、としても、草木や風水が転生先になることはないし、また、草木や風水がなにかに転生することもない、すなわち、何ものかが次の世に草木や風水に生まれかわることはないし、草木や風水が次の世に何ものかに生まれかわることもない、となるわけです。

5　故人は想いだしてくれる人の心のなかで生きている

人はだれでも、先天的に、本能としての「自の認識」を持っていて、その「自の認識」は、その持ち主が死ぬと、滅びる肉体をはなれて魂に変身、それが次の世で新たに誕生する別の個に宿り、ふたたび「自の認識」にもどる、これを繰りかえして永遠にありつづけるのではないか、このように考えている人々のいるのは事実です。たしかに、だれにもわからない死後の世界のことですから、それが、ぜったいにあり得ない、とはいえないのですが、しかし、これまでも述べてきたように、転生する主体、と仮想される「自の認識」は、個固有の本能ともいえるものですから、個が生きている間、身体内から抜け出ることはないし、外から身体内にはいることがないのはもちろん、死に際しても、それが身体からはなれて魂に変身、その魂が次の世で別の個に宿る、こんなことも、現実味がないことは間違いありません。

私の想定では、心身一如で、来世が次元の存在しない「無の世界」ですし、生と死の間には領域がなく、生から死へは刹那に移行しますから、死と同時に、「自の認識」も、魂に変身する間などなく消えてなくなることになっています。心的には、人間が死と同時に「無の世界」にはいるのは当然なのです。

しかし、それではさびしいので、私は、仮想ではありますが、故人は想いだしてくれる人の心のなかに生きていたときの姿のままである、と考えることにしています。なぜなら、私たちが故人を想いだすとき、その人は生きている姿で出てくるからです。

そのように理解すれば、故人は、想いだしてくれる人がこの世にいるかぎり、その人の心のなかで生きているのですから、死んだ時点でこの世から消えてしまうのではなく、故人が完全にこの世から消えるのは、想いだしてくれる人のすべてがこの世を去ったときか、この世にある人のだれもが故人を想いだしてくれなくなったとき、となります。とすると、私たちが、想いだされるとき、素敵な姿でありたい、と思うのは当然でしょうから、現世にある間、心して他と接するようになり、他との人間関係が和やかになるのは間違いありません。

Ⅱ

現世と来世とのつながり

人ならだれにでも、ほかのだれとも違う、自分、という感覚的認識があり、それが個の持つ本能ともいえる「自の認識」です。その「自の認識」は、個固有の本能的なものですから、生きている間はもちろん、死んでからも肉体からはなれて存在することはない、と私は考えています。かりに、死に際して「自の認識」が肉体からはなれ得る、と仮定したくても、私の理解では、領域がなく、線で区切られている生（現世）から死（来世）への移行は、刹那で、しかも、いき先が「無の世界」ですから、「自の認識」は、死と同時に、魂に変身する間などなく、消えてしまうしかないのです。したがって、転生思考では、生まれかわる次の世の個には、生前の個の「自の認識」が魂に変身して宿ることになっていますが、私の認識では、その魂が実在しない架空の存在ですから、転生自体が、あり得ない、となってしまうのです。

私は、「自の認識」を次の世の個につなぐ役割を担っている、と仮想される魂の存在そのものを否定、したがって、「自の認識」は死と同時に消えてしまう、と考えているのですが、しかし、古《いにしえ》の昔から現在にいたるまで、多くの人々が、自分が感覚的に認識している「自の認識」、これは、遠い過去から現在まで連綿と存在しつづけたもので、これからも消えずにありつづけるに違いない、このように考えてきました。

人々が、「自の認識」がどのような仕組みで消えずにありつづける、と考えたのか、それは、『Ⅰ1(2) 転生がある、とすれば、転生する主体は「自の認識」です』のところでも述べましたが、次のように想像されます。

死後の世界が次元の存在しない「無の世界」であれば、死と同時に「自の認識」は魂に変身などせずに消えてしまいますが、次の世が、次元の存在する「有の世界」、すなわち、現実の世界か、夢になぞらえて描かれた世界かのどちらか、と想定でき、さらに、「自の認識」がその持ち主である個が生から死に移行する瞬時の間に肉体をはなれて魂に変身、その魂が次の世に移行して転生が可能な別の個に宿る、このように考えることができれば、「自の認識」は消えることなく、次の世に継承されることになります。なぜなら、次の世の個に宿った魂はただちに「自の認識」にもどるのですが、とすれば、生前の個にあった「自の認識」と、次の世で別の個に宿った「自の認識」は同じものになるからで、これが転生なのです。したがって、これから先も、同じように、「自の認識」が、「有の世界」にあって転生が可能な個への転生を繰りかえしていけば、同じ「自の認識」が、消えることなく、延々とありつづけることになるのです。

　ただし、かりに、個が生から死に移行する瞬時の間に、「自の認識」が、肉体をはなれて魂に変身、次の世で別の個に宿ることができた、としても、これまでも述べてきたように、転生の主体、個固有の本能としてある「自の認識」には記憶機能がないのですから、それが変身した魂にも、もちろん、記憶機能はありませんし、しかも、ほかにも前世にあった個の記憶を次の世の個に伝える仕組みがありませんので、生前の個と、その個の「自の認識」が魂に変身して宿った、とされる次の世の個とには記憶のつながりがありません。したがって、かりに、転生があり得る、とすれば、次の世の個に宿った魂は、ただちに「自の認識」にもどりますから、生前の個が持っていた「自の認識」と、それが変身した魂が宿った、とされる次の世の個が持っている「自の認識」、この二つは同じものではありますが、しかし、両者（生前の個と、転生した、とされる個）には記憶のつながりがありませんので、生前の個の「自の認識」が宿った次の世の個は、記憶の面では、転生するのが個の誕生時であることもあり、ゼロからのスタートになります。なぜ、生前の個の「自の認識」が次の世の個に宿るのがその個の誕生時でなければならないのか、それは、宿ろう、とする魂（「自の認識」）が、転生される個がすでに持っている「自の認識」をその体内から追いだして入れかわることができないので、その個の「自の認識」が芽生える前でなければならないからです。

つまり、かりに転生現象がある、としても、転生ができるのは、別の個がすでに持っている「自の認識」をその体内から追いだして入れかわることはできませんから、転生しようとする個に「自の認識」が芽生える前、すなわち、転生しようとする個が誕生するときなのです。

いずれにしても、来世は永遠なる未知の世界で、来世が、「無の世界」であるのか、あるいは、現実の世界や夢になぞらえて描かれた世界、すなわち、「有の世界」であるのかもわからないのですし、魂は「自の認識」が肉体からはなれて変身したもの、この思考も、「自の認識」は死と同時に消える、この思考も、さらには、「自の認識」は転生することでありつづける、この思考も、すべてが仮想の域内にしかないのですから、「自の認識」は死と同時に消える、これが真実である確率が高いのではないか、と私は考えていますが、一方、「自の認識」は永遠にありつづける、この可能性を全面的には否定できないのもたしかなのです。

1　死者祭祀が死者にとって意味がないのはなぜ

死後の世界は、情報交換のできるところではなく、だれもが知り得ない世界ですから、だれがどのように想定しても、正しいとも間違っているともいえません。ですから、たとえば、だれかが、『自分が、今、持っている「自の認識」は自分の死後も転生を繰りかえして永遠にありつづける』、あるいは、「自分はだれそれの生まれかわり」、このようにいっても、もちろん、それが真実である確率はかぎりなく〇％にちかいのではありましょうが、しかし、だれも、それが一〇〇％あり得ない、とはいえないのです。たしかに、だれしも、自分の死によって、今、自分が持っている「自の認識」が消える、このことが理屈的には納得できても、「自の認識」の持っている不思議（『Ⅰ1⑴「自の認識」の不思議』を参照してください）に惑わされると、それ（自の認識）が消えることに釈然としなくなるのかもしれません。しかし、私が想定しているように、死後の世界が次元の存在しない「無の世界」であれば、「自の認識」は死と同時に消えてなくなる、これは間違いないので、その世界にはいった死者は、「自の認識」をふくめた心《こころ》のすべてが消え、心的には生前にあった現世とは無縁になっていることになります。とすれば、死者は心的には現世と無縁になっているのですから、死者祭祀など、現世での行事が死者にとって意味があるなどはあり得ないわけです。

　したがって、かりに、死後の世界は次元の存在しない「無の世界」、これが正しければ、死直後になされる死者祭祀（葬儀）は、後に残った縁者や知人にとっての死者との別れのけじめ、そして、そこでの祭祀の規模は、喪主の、世間体をたもつためか、あるいは、社会的地位の誇示や自己満足、これらに寄与するものでしかありませんし、死後四十九日間、七日目ごとにおこなわれる追善供養（語句の説明⑥を参照してください）も、残された親族の、追善供養をしたのだから、故人がよりよいところに転生するのに貢献した、このような、親族の自己満足を充たすくらいの効用しかないことになります。さらにいえば、三回忌や七回忌などは、「自の認識」をふくめて、心のすべてが消えている故人のまったくあずかり知らぬことですから、せいぜい、親戚知人があつまってたがいの親睦を深める、これくらいの意味しかないことになってしまうのです。ただし、いずれの死者祭祀も、お寺さまにとっては、台所をうるおすに大きな効用があるのはたしかです。

　最近は、どうやら、人々も、死者祭祀が死者にとってのメリットがないことが、なんとなくではあってもわかってきたようで、死後四十九日間、七日目ごとにおこなうはずの追善供養を葬儀の際にまとめてやってしまうことが多くなりました。もちろん、それになんの支障もないのですが、しかし、それでは閻魔大王をはじめとする冥途（此岸から彼岸への旅路）の裁判官が納得しないかもしれません。もっとも、追善供養、といっても、聞いているだれもが理解のできないお経を読んでもらって、お寺さまにお布施を提供し、会食をするだけですから、それで死者の生前の悪行が帳消しにされる、こんなことがあり得ないのは間違いないのです。

つまり、来世は次元のない「無の世界」、これを容認すれば、現世でおこなう死者祭祀に意味がないのは当然になりますが、かりに、来世を、次元のある「有の世界」、と想定しても、生前の個と、その個の「自の認識」が宿った、とされる次の世の個とには記憶のつながりがなく、次の世の個は自分の前身が何者であったのかもわからないのですし、生前の個（死者）は、すでに、「自の認識」をふくめた心全体が消えて、心的には「無」になっているのですから、やはり、どちらの個にとっても、現世でおこなわれる死者祭祀は意味がない、このことにかわりはありません。また、かりに、生前の個の「自の認識」が魂（霊）に変身して冥途を旅していた、としても、それ（魂）には記憶機能がなく、生前の個とは心的なつながりが切れているのですから、その魂（霊）は生前の個のためにおこなわれる死者祭祀になど関心がない、これは次の世に転生されてある個と同じなのです。

このようにみてくると、死後の世界が「無の世界」であっても「有の世界」であっても、死直後の死者祭祀（葬儀）は残された家族と死者との別れのけじめ、その後におこなわれる死者祭祀は、生きている人の自己満足を充たすこと、久しく会っていない親族があつまって親睦を深めること、それと、お寺さまの台所をうるおすこと、これらを目的とした、生きている人のおこなう、生きている人のための行事でしかない、このように理解して間違いなさそうです。

ただし、「Ｉ５ 故人は想いだしてくれる人の心のなかで生きている」、で述べたように、故人は、死後、ただちには「無の世界」にはいかず、想いだしてくれる人がいるかぎり、その人の心のなかで生きている姿のままでありつづける、私はこのように考えることにしているのですが、これが容認できれば、ゆかりのある人々の脳裏にある故人の姿が祭祀に出席したことで鮮明化されるでしょうから、死者祭祀は故人にとっても効用があることになるのかもしれません。

2 死後の処遇に現世での所行が問題になりますか

来世を次元のない「無の世界」、と私は想い描いているのですが、それが正解であれば、死者は、「自の認識」をふくめて、心のすべてが死と同時に消えてしまい、転生などあり得ないのですし、行き先に浄土も地獄もないのですから、生前の所行など問題になりようがありません。

一方、秩序の有無はともかく、来世を次元のある「有の世界」、と想定した場合は、そのように想定した人々の多くが、来世は天国（浄土）や地獄など、いわば六道のどれかで、生前の所行が斟酌されてそのどちらにいくのかが決められる、と考えるのでしょうから、それが正解であれば、その場合の仕組みは、現世での所行が来世の処遇に影響する、このように設定されていることになります。典型的には、「自の認識」が肉体からはなれて変身した霊（魂）が、冥途を旅している四十九日間の七日目ごとに、それぞれの領域を担当する裁判官の裁きを受け、最終的には、閻魔大王によって、六道のどこにいくのか、あるいは、どこに生まれかわるのかが決められる、このようなものです。この場合は、もちろん、現世での所行が各裁判官の判断材料になるのですから、現世での所行が来世に影響するのは必至です。しかし、これも、冥途を旅する霊（魂）が生前の個の記憶を引きついでいなければ、裁判官に生前の所行を問われても答えようがありませんし、「自の認識」をふくめて、心全体を失っている生前の個は、もちろん、生前の所行など、問われても答えられるはずもありませんから、冥途を旅する霊と生前の個、そのいずれもが、生前の所行を問われるなどはあり得ないのです。

結局、来世を次元のない「無の世界」、と想定した場合は当然のこと、来世を、秩序の有無はともかく、次元のある「有の世界」、と想定した場合も、すでに死んでしまった個はもちろん、かりに冥途を旅する霊（魂）がある、としても、それらが、生前の所行、その善悪を問われることはない、となります。

実際、平安から鎌倉、室町時代には、後生（生まれかわった次の世での幸せ）を願って出家した人もいたようですが、死後の世界が、次元のない「無の世界」、あるいは、次元のある「有の世界」、いずれであっても、出家したことに意味はなかったのです。なぜなら、来世が「無の世界」であれば、そこには浄土も地獄もないのですから、生前の所行など問われることがないのは当然ですが、かりに、来世が「有の世界」で、出家したことの功徳《くどく》（よい果報をもたらすもととなる善行）で浄土に生まれかわった、としても、出家していた生前の個は、すでに死んで、「自の認識」をふくめて心が消えてしまったのですから、自分が浄土に生まれかわったことなどわかるわけがありませんし、次の世、浄土に生まれかわった個も、生前の記憶を引きついでいなくて、自分の前世が何者であったのかさえもわからない、まして、自分が出家していたことなどわからないのですから、なぜ、自分が浄土にいるのかがわかるはずがないからです。

一神教のある宗派では、死出の旅路についた個は生前の記憶を失う、このことを認めてか、個が生前になした善行や悪行のすべてを天使が記録しておいて、最後の審判でそれを総括して天国いきか地獄いきかが決められる、このような仕組みが想定されています。しかし、それでは天使もたいへんでしょうし、生まれかわった本人が、生前の個の記憶を引きついでいなければ、次の世で天国にいっても地獄にいかせられても、自分がなぜそこにいるのかがわからないのですから、天使が記録していた生前の所行によって天国いきや地獄いきに分けられても、それ自体に意味がないことにかわりはないのです。

私の想像（空想）している死後の世界は「無の世界」ですから、そこには天国（浄土）も地獄もないのですが、多くの宗教宗派が、来世を、夢の世界になぞらえて、天国（浄土）や地獄と描いていて、それらの宗派では、そのどちらにいくかは現世での所行によって決められる、としています。善をおこなえば天国（浄土）にみちびかれ、悪をおこなえば地獄に追いやられる、と説いているのですが、それは当然です。なぜなら、そのように説かなければ、来世を天国（浄土）や地獄と描いたことの意味がなくなるからです。

もちろん、この世にあった人間、あるいは、この世にある人間は、だれも来世のことなどわからないのですから、死後のいき先が天国（浄土）か地獄で、そのどちらにいくかは現世での所行によって決められる、このようにいわれても、それが真実である確率は、たぶん、何千万分の一％以下なのでしょうが、それを、あり得ない、とは断定できません。しかし、かりに、「自の認識」が肉体から離脱することで変身したものが霊（魂）である、としても、その霊（魂）に生前の記憶がなければ、転生した個も生前の記憶を引きついでいないわけで、たとえ、天国（浄土）にいった、としても、あるいは、地獄にいかせられた、としても、その個は、なぜ、そこにいるのかがわからないのですし、生前の個はすでに心的には「無」になっているのですから、どちらの個にとってもその世界にいったこと自体に意味がないのです。視点をかえてみれば、今、現世にいる私たちにとっては、自分が、死後、「有の世界」、あるいは、「無の世界」、どちらにいったにしても、死んでしまえばそれを認識できないのですから、それがどちらであっても同じことでしかないのはたしかなのです。

ちなみに、神の国や天国、地獄では、宗派によって、死者の「自の認識」が変身した魂（霊）が、転生せずにそのまま霊としてある場合（神道など）と、何者かに転生してある場合（六道輪廻など）、そして、転生するのではなく、死者が生前の姿に復活してある場合（ユダヤ教系の宗派など）があります（「X 既存の宗教各派が描く死後の世界」を参照してください）。この三つのなかで、霊としてそのままある場合と、何者かに転生してある場合は、「自の認識」と、それが身体からはなれて変身した魂を用いて説明されれば、空想の世界での現象、として、それなりに理解できそうなのですが、死者が生前の姿に復活してある場合は、生前の姿に復活するのが最後の審判がなされるこの世が終わるときで、そのころには、肉体が、朽ちはてるどころか、影も形もなくなっているはずですから、なんとなくの違和感を覚えるのが否めないような気がします。しかし、この発想も、空想の産物で、合理性を云々する対象ではないのでしょうから、咎《とが》め立てはしないことにしておきます。

3　死後の世界での処遇に男女の区別はありますか

死後の世界は次元のない「無の世界」、このように想定している私には考えられないのですが、現世ではもちろん、死後の世界でも男女を差別している宗教宗派が本邦にも外国にもあります。まず、イスラム教の死後の世界です。イスラム教では、現世にあっても、女性は、学校教育でも差別され、職業も制限されますし、肌の露出も禁止されるなど、性別による差別が少なからずあります。イスラム教の聖典コーランでは、女性は恥部を夫か親以外にみせてはならない、とされていますが、恥部でないのは顔と手首だけです。女性は学校教育でも差別されているのですが、これは、男性は外の仕事、女性は家のなかの仕事、と区別されているからです。これについては、生来、男性には外仕事が向いていて、女性には内仕事が向いている、これはたしかなようですから、合理性がまったくない、とはいえないのかもしれません。しかし、遺産相続が、女性は男性の半分、となっていたり、女性がイスラム教の指導者になれないのには合理性がなさそうです。このような差別が、死後の世界では、さらにはげしくなるのです。「X２(6) イスラム教の描く死後の世界」で紹介しますが、楽園で過ごす男性には処女である妻があたえられるのだそうですから、ほかにどのような差別があるのかはともかく、このことからだけでも、イスラム教の楽園が男性世界であるのは間違いなさそうです。

キリスト教は、イエスの母マリアが信仰の対象になっていることもあってか、比較的、男女平等のようです。しかし、それでも、プロテスタント（新教）では女性でも牧師になれますが、カトリック（旧教）では、ローマ教皇以下、その指導者はすべて男性で、女性は聖職者（司教・司祭）になれません。このように、現世ではいくらかの男女差別がありますが、死後の世界での差別はほとんどないようです。なお、プロテスタントの牧師は婚姻可ですが、カトリックの司教・司祭は婚姻不可です。

仏教には、女は五障（女は、梵天王・帝釈天・魔王・転輪聖王・仏身、この五つにはなれない障害がある、とするもの）があるから成仏できない、とする考えがあり、平安時代には結構信じられていました。女性は、そのままの性では解脱《げだつ》（煩悩から解放されること）できず、いったん男性に生まれかわらなければ浄土にいけない、とされていたのです。このように、女性が成仏するために男性に生まれかわるのを「変成男子《へんじょうなんし》」、といいます。男性に生まれかわらなければ浄土にいけないのですから、浄土に女性はいないことになります。しかし、法華経などでは女人成仏が説かれていますので、かならずしも、女性は解脱できない、このことが仏教界の主流をなしていたわけではありません。

　ちなみに、仏教界でも、来世でばかりではなく、現世にあっても男女差別が皆無ではありません。仏教の開祖お釈迦さまが、当初、女性の出家を認めなかった、こんなことがありましたから、そもそもから女性差別がありましたし、現在では尼僧も少なくありませんが、それでも、高僧、となるとそのほとんどが男性です。

　ヒンドゥ教も、聖典の一つマヌ法典に三従の教え（女は家にあっては父に従い、嫁しては夫に従い、夫の死後は子に従う）があるように、かなり女性蔑視です。今も一部に残っているようですが、古来、インドには、女性は男性よりも劣る存在で、しかも、血液を不浄とし、月経のある女性を不浄なものである、とする考え方があったのです。

　ただし、現世では男女差別がありますが、死後の世界は、となると、カースト制度による身分での差別はあるにしても（転生できるのは、再生族、と呼ばれる上層階級の人々のみで、下層階級の人々は、一生族、と呼ばれ、一度しか生きられない、とする考え方）、遺体を焼いた後の遺灰は、男も女も、聖なるガンジス川に流すのが最善、と考えられているからか、男女による差別はかならずしもはっきりしないようです。

つまり、死後の世界ではともかく、現世にあっては男女に違いがあるのは当然で、違いがなければ、それぞれの存在意義がないのです。しかし、女が不浄で、男が清浄、この思考には合理性がありません。たとえば、ヒンドゥ教では、血液が不浄だから、月経のある女は不浄である、とされていますが、それでは、閉経後の男女は平等になるのか、といえば、そうでもなさそうですし、それよりなにより、血液が不浄で、尿や便が不浄でない、とする根拠はどこにもないのです。さらに、考えてみれば、男にも女と同じように、その体内には血液が流れているのですし、男も女も女の体内から生まれてくるのですから、女が不浄であれば、男も不浄なはずで、男と女、そこに、特徴の違いはあるにしても、人間としての尊厳に違いなどあり得ないのです。そんな男女を、現世でもですが、死後の世界においてさえも差別をしている宗教宗派がある、これは大きな驚きです。

4　死後の世界にいって現世にもどってきた人はいますか

たとえば、キリストははりつけの刑にされて死んでから三日目にいったん生きかえったことになっていますし、夏目漱石も死を体験した、とされています。また、ギリシャ神話に出てくる音楽の天才、オルフェウス（父はトラキアの王オイアグロスですから人間ですが、母カリオペは神ゼウスの娘ですから、オルフェウスが完全な人間とはいえないのかもしれませんが）は、妻を死者の国に迎えにいき、妻をつれて帰ることには失敗しましたが、自身は現世にもどってきています。さらには、「Ⅶ２臨死体験の実態は」で述べられるように、幽体離脱現象やお花畑体験現象など、臨死体験、といわれているものもあります。

このように、昔から、人が死後の世界にいって現世にもどってきたお話がないわけではありませんが、しかし、私は、来世は次元のない「無の世界」、と想定していますから当然ですが、かりに「有の世界」であっても、現世と来世との間には領域がなく、移行は、現世から来世への一方通行、刹那でなされる、と考えていますので、私の理解では、死後の世界にいって現世にもどってくるなどは、フィクションとしてはあってもいいのですが、実際にはあり得ないことになります。

キリストはともかく、夏目漱石の体験した死の場合は、仮死状態を死と誤認したもので、死んでいなかったに違いありませんし、オルフェウスが死者の国にいって帰ってきたのはフィクションでのことです。また、臨死体験現象は、死の瀬戸際まではいったにしても、死んだわけではなく、せいぜい、死後の世界にちかづいた程度で、その実態は、夢を夢と認識しなかったための誤認によるものです。

ただ、死後の世界が秩序の確立した「有の世界」、すなわち、現世で、死んだ人間が現世にカムバックし、その人間にいったんはなれた「自の認識」がもどってくる、こんなことはないだろうか、という疑問が残りそうですが、しかし、「自の認識」が宿るのは宿られる個の誕生時でなければならないのですし、ましてや、死んだ人間が現世にカムバックする、これは、すなわち、死んだ人間が生きかえることであり、生から死への移行は単方向性でそれがないのですから、死んで現世にカムバックした人間にいったんはなれた「自の認識」がもどってくる、こんなことはあり得ないことになります（「Ⅰ3(3)生から死への移行は、単方向性であり、しかも、刹那です」を参照してください）。

つまり、死後の世界が、「無の世界」であればもちろん、かりに、「有の世界」であっても、現世と来世との間には領域がなく、移行は、現世から来世への一方通行、刹那でなされる、と考えられますので、死後の世界にいって現世にもどってくるなどは、現実には、あり得ない、となります。死後の世界にいってもどってきた人はいない、これは客観的事実なのです。

夏目漱石の「死」の体験

漱石は、一九一〇年の夏、静養先の修善寺で大量の血を吐きました。血を吐いた後、さまざまな処置を受けるのですが、漱石自身は、その間の出来事を途切れることなく記憶していた、すなわち、意識も継続していた、と認識していました。しかし、後日、妻から、「あのときの三〇分間、あなたは死んでいたのです」、と聞かされて驚いた、というのです。

妻から、「あのときのあなたは死んでいたのです」、といわれた、「あのときの三〇分間」、漱石の意識はなかった（失神していた）わけで、意識がなかったのですから当然ですが、その間のかれの自覚的な経過時間はゼロ時間だったのです。漱石は、もちろん死んだわけではありませんが、心的には、全身麻酔をかけられた状態（「Ⅶ3　全身麻酔下にある状態と死んだ状態との類似性は」を参照してください）や死んだときと同じで、「無の世界」にあったもの、と想像されます。心が「無」の状態にあれば、心的には、その間の出来事も時間も、「なかったこと」になるので、もちろん、この間、漱石の「自の認識」は、肉体の外に出ていたのではなく、単に、活動を停止していただけです。

5　死者の霊を現世に招くことができますか

昔から、日本では、お盆には先祖の霊が家に帰ってくる、とされていて、その目印になるように、玄関や庭先に火を灯すのがお盆の伝統行事になっています。これを「迎え火」、といい、現在ではほとんどが盆提灯を迎え火にしています。

亡くなった人の霊を招いてしゃべらせる、現在でもこれを実行しているのが、東北地方でなされている「口寄せ」、といわれる行事で、とくに、下北半島恐山《おそれざん》の「イタコ」が有名です。

それでは、実際に死者の霊を呼ぶことができるのか、となると、私の想定ではそれは不可能です。なぜなら、霊はイコール魂で、その魂は、「自の認識」が肉体からはなれて変身したもの、と仮想されるのですが、私は、一生の間、継続してあるはずの本能的な存在である「自の認識」が生きている肉体からはなれることがないのはもちろん、心身一如で、死と同時に、「自の認識」は霊（魂）に変身する間などなく消えてしまう、と考えているからです。そもそも、来世を「無の世界」、と描いている私の思考に、死後の霊（魂）など、存在しようがないのです。

ただし、合理性はほとんどないのでしょうが、死後の世界を、秩序の有無はともかく、次元のある「有の世界」、と想定し、しかも、神道で想定されているように（「X２⑴神道の描く死後の世界」を参照してください）、死によって肉体からはなれた「自の認識」が、霊（魂）に変身、転生せずに、霊（魂）のままで、山中にあるか、浄土、地獄にあるかはさておき、次の世のどこかに存在している、これを認めることができれば、霊は存在するわけで、あるいは、現世に招くことができるのかもしれません。しかし、その場合でも、そもそも「自の認識」に記憶機能がなく、当然、それが変身した霊（魂）にも記憶機能がないのですから、ただよっている霊（魂）は、自分の前世が何者であったのかもわからないわけで、呼びだされても応じることができないのは間違いありません。

ちなみに、故人の「自の認識」、それが身体からはなれて変身した魂が現世の人間か畜生に宿って「自の認識」にもどっている場合は、呼びだせるのではないか、と思われますが、しかし、この場合も、「自の認識」が、生きている人間の身体からはなれて霊（魂）に変身、憑座《よりまし》（イタコなど、霊が取り憑く役割を演じる人間）に憑依《ひょうい》（霊がのりうつること）することはありませんし、そもそも、「自の認識」には記憶機能がなく、魂が宿られた現世の個は自分の前世が何者であったのかもわからないのですから、呼びだされていること自体がわからないわけで、呼びだされても応じられるはずはないのです。

なお、空想能力がないのであろう畜生には、『Ⅰ4(1)人間以外の動物の「自の認識」と「魂（霊）」』で述べたように、「自の認識」はあっても、架空の存在、魂がありませんから、畜生の魂を呼びだすなどは論外になります。

つまり、心身一如であれば、来世は「無の世界」になりますから、当然のこと、「自の認識」は、死と同時に消えてしまい、魂（霊）になど変身しないわけですから、存在しない魂（霊）を呼びだすのは不可能です。また、かりに、来世を「有の世界」、と想定し、「自の認識」が、死によっても消えず、魂に変身して次の世の個に宿ってあることを仮定した、としても、記憶機能のない魂に宿られた転生後の個は、前世の自分が何者であったのかさえもわからないのですし、そもそも、「自の認識」は生きている肉体をはなれることがないのですから、どのみち、呼びだされても、呼びだされた個の「自の認識」が魂（霊）に変身して憑座に憑依するのは不可能です。

さらに、転生せずに、魂のままでただよっていた、としても、その魂には記憶機能がなく、自分の前身が何者であったのかがわからないのですから、呼びだされても応じようがないのは同じなのです。

結局、イタコの口寄せは、たぶん、イタコが、口寄せを依頼した人のお話や雰囲気から、その人の心理状態を憶測、それに沿った内容を考えだし、霊が語ったことにして話している、これが実態に違いないのです。

6　私が死んだら死後の世界で母親に会えるでしょうか

私の想定している死後の世界は次元のない「無の世界」です。とすれば、「無の世界」に、母親はもちろん、その霊もいるはずがありませんから、死んでから母親に会えるなどはない、となります。しかし、死後の世界は、だれにもわからない世界ですから、だれがどのように想定しても、あり得ない、とはいえないので、たとえば、そこを、夢の世界になぞらえて描かれた天国や浄土のようなところ、と想定すれば、会える可能性があってもいいのかもしれません。ただし、母であり子であることを認識するためには、来世にいった私と、来世にある母が、現世にあったときに持っていた記憶をたもちつづけていなければなりません。しかし、それがほとんど期待できないわけですから（『Ｉ１⑶「自の認識」と記憶機能』を参照してください）、二人が天国や浄土にいった、としても、母として、また、子として会える可能性はかぎりなく〇％にちかいのであろう、とは想像されます。かりに、転生現象がある、として、転生先がふたたび現世で、二人が現世の別の個に生まれかわっていた、としてもそれは同じです。なぜなら、母が死後に転生した個も、私が死後に転生した個も、共に、現世にあったときの記憶を引きつぐことはなく、記憶ゼロからのスタートになっているのですし、しかも、二人は、それぞれ生前とは別の個に転生していて、現世にあったときとは違った姿形になっているので、そこで二人がめぐり会った、としても、母とか子とかとは認識できないはずだからです。これは、もちろん、母親だけではなく、相手がだれであっても同じことになります。

　私が死後の世界にいって母に会える可能性はほとんどないのですが、しかし、想いだしてくれる人がいるかぎり、故人はその人の心のなかで生きている、と私は考えることにしていますので、とすれば、いつも想いだしている私の心のなかに、今も母は生きていることにはなります。

7　戒名はなんのためにあるのですか

戒名は、もともと、俗世から仏門にはいるときに俗名を捨ててつけるもので、生きている出家者の呼称です。

江戸時代に寺請《てらうけ》檀家《だんか》制度《せいど》（キリスト教徒を排除するため、一般庶民は全員、どこかのお寺に登録して檀家にならなければならないとする制度）ができ、お寺の経済的な事情もからんでのことなのでしょうが、庶民の葬儀がお寺でおこなわれるようになりました。しかし、お寺側では、出家者の葬儀は手慣れていてその手順はわかっていましたが、それまで在家の人たちの葬儀はしたことがなかったので、在家の葬儀をどのような手順で施行したらいいのかがわかりませんでした。そこで考えだしたのが、出家者であれば葬儀の手順がわかりますから、まずは、在家の死者を出家させることです。出家させてしまえば出家者の葬儀の手順でことを運べばいいからです。そのため、死者にお経を読んで聞かせ、修行を積んだことにして、にわかじたての出家者にし、戒名をつけた、これが在家の人々に死んでからつけられる戒名の由来です。そして、それがこの時代から盛んになってきた葬式仏教で常態化したのです（「Ⅳ6　葬式仏教とはどんな仏教ですか」を参照してください）。

しかし、浄土真宗は、生前、阿弥陀仏を信じさえしていれば出家者でなくても浄土にいける、したがって、戒名がないのですし、日蓮宗では法華経に帰依（信じ頼ること）してさえいれば成仏できることになっているから戒名がないのです。ちなみに、禅宗系では、もともと自力での成仏を目指していて、出家者でなければ成仏できない、そんなことはありません。ただし、これらの宗派では、戒名は必要ない、これはわかっているのですが、戒名を授ける、これを廃止すると、江戸時代から現在まで、すたれることなくつづいているお寺さまの収入源の大きな一つが欠けてしまいますから、呼称を、浄土真宗では法名に、日蓮宗では法号に、それぞれ変更して収入源を確保しているのです。

要するに、極楽浄土がある、とすれば、出家者でなくてもそこにいけるのですから、葬儀手順の都合だけで必要になった戒名などいらない、これが正解になります。

8　読経に意味はありますか

仏教の経典がどれくらいあるのか、それは、偽経、といわれる中国産や日本産のものもいれると、五千巻から八万巻あまりまで、さまざまな説があって正確にはわかりません。

もちろん、お経に書かれている内容は立派なことばかりなのでしょうが、しかし、死んだ個は、死と同時に、「自の認識」さえも失い、心的には「無」になっているのですし、冥途を旅しているかもしれない霊（魂）も、記憶機能がなく、自を感覚的に認識することしかできないのですから、お経に関心がある、とは思えません。また、すでに次の世で転生してあるかもしれない個も、宿った魂に記憶機能がなく、転生前の個が何者であったのかもわからないのですから、転生前の個に関心はないわけです。したがって、転生前の個、その個の「自の認識」が変身した魂（霊）、そして、すでに存在する、とすれば、次の世で転生してあるかもしれない個、これらが、転生前の個のために読むお経になど、関心があるはずがなく、お経など、聞いていないに違いありません。さらに、読経の場にいあわせている人々も、それが、まあ、ありがたい内容には違いない、とは思いつつも、なにが語られているのかがわからないのですから、早く終わってほしい、これが、本音、と思います。

死者はもちろん、死者の「自の認識」が変身してあるかもしれない霊（魂）、その魂が次の世で転生してあるかもしれない個、これらのいずれもが聞いていないし、その場にいる人は、意味がわからず、早く終わってほしい、と思っているだけ、こんな按配の読経ですから、その存在意義は、お寺さまがその場の主役であるのを示すこと、それと、お布施へのお寺さまからの返礼行為、こんなものかもしれません。

つまり、お経に書かれていることを説きたいのであれば、聞いている人がわかるような言語に翻訳して話せばいいので、死者には関係ない、その場にいる人には意味がわからない、これが今なされている読経の実態ですから、結論としては、お経を唱えることに意味があるとは思えない、となります。

ただし、死者やその場にいる人たちは聞いていないにしても、架空の存在ではありますが、如来や菩薩など、仏さまは聞いているかもしれませんし、また、祭祀の場を盛りあげる手段としても、結構、役だっているのかもしれません。

9　近年、なぜ、家族葬が増えてきたのですか

　家族葬は、葬儀を近親者のみでおこなうものですが、近年、急速に増えてきています。なぜ、家族葬が増えてきたのか、それは、寿命がのび、死ぬころには、現役を引退してそれなりの年月が経っているので、死者と浮き世との絆《きずな》が細くなっていること、それと、人々が、なんとなくではあっても、死者祭祀（葬儀）が故人にとってなんの意味もないのではないか、このように感じだし、しかも、それが人々の間にひろがりつつあること、大きくは、この二つによるもの、と考えられます。たしかに、来世が、「無の世界」であれば当然、かりに「有の世界」であった、としても、死者は、死と同時に、「自の認識」さえも失い、心的には、無になっているのですから、現世とは無縁状態になっているわけで、現世での死者祭祀（葬儀）が死者にとって意味がないのは間違いないのです。

　つまり、家族葬が増えてきたのは、長寿になって、死んだときには死者と世間とのつながりが希薄になっていること、それと、人々が、死者祭祀（葬儀）は死者にとって意味がないのではないか、このように感じだしたこと、この二つに因があるのです。

　なお、今年（令和二年）は新型コロナ感染症が流行、それが終息に向かう気配がないことから、人の密集を避けるため、今後、さらに規模を小さくすべく、家族葬が増えていくことが予想され

ます。

10　死者の心は「もの」に残っている、といわれますが、それはなぜ

世間では、よく、死者の心はその人にゆかりのある「もの」に残っている、といいますが、「もの」に残っているのは、死者の心ではなく、その「もの」にまつわる死者の生きているときの姿です。男性はそうでもないのですが、女性は、「もの」への執着が強いようで、たとえば、着物にこだわりますし、それを大切にもします。私の母など、着ることもないような着物を箪笥にしまいこみ、ときどき出して眺め、楽しんでいたようで、男の子の私は、それを、ちょっと奇異に感じながらみていたものでした。

母が旅立ってほぼ三十年になりますが、それらの着物は、いまだに箪笥にしまわれたままになっていて、役だてることなどあり得ないにもかかわらず、処分はされていません。それは、その着物をみると、母の在りし日の姿がそのまま私の心に描かれるからです。

もちろん、母が着物を大切にしていたとしても、だからといって、その着物に母の心がのりうつっているのではなく、私の記憶に、それを眺め、楽しんでいた母の姿が鮮明に残っていて、着物をみるとその姿が蘇ってくるのです。

つまり、死者の心が「もの」に残っているのではなく、残されたその「もの」をみる人の心に、その「もの」と、その「もの」にまつわりのある死者の生きているときの姿が一体化して描かれるのです。

Ⅲ

自の認識と輪廻転生

「自の認識」の解釈については、『I 1「自の認識」』を参照してください。

輪廻思考は、今、自分が持っている「自の認識」が、自分の死と同時に消えてなくなる、このことに納得できない人々の、それ（今、自分が持っている「自の認識」）は、次の世、さらに、その次の世と、世代を超えて永遠に引きつがれてありつづけるに違いない、このような合理性に欠ける思考を源にして生まれたのです。

1　人々が、自分が死んでも、心は消えることなくありつづける、と考えはじめたのはいつの時代からですか

人々が、死後、どの世界にかはともかく、ふたたび生まれかわる、と考えたはじめたのがいつかはわかりませんが、それが実証できるもっとも古い年代は、ヨーロッパでは、古代エジプトでつくられたピラミッドに、死者が次の世で使うための副葬品が添えられていたことから、紀元前三〇〇〇年ころ、と考えられ、アジアでは、紀元前一五〇〇年ころに編纂された、とされているバラモン教の奥義書に、アートマン（自我＝霊魂）は永遠の存在で、あらゆる生物はその生涯を終えても、同じアートマンを持った存在として次の世界に生まれかわる、と書かれていることから、紀元前一五〇〇年ころ、と推測されます。

衆生（一切の生物・人間をふくめたすべての動物）の心身が二重構造になっていて、「自の認識」が身体からはなれることで変身した魂（霊）をなかだちにしての転生が可能であり、しかも、それ（転生）が繰りかえされる、とすれば、「自の認識」は消えることなくありつづけることになるのですが、この思考がヨーロッパでもアジアでも、紀元前の大昔からあったことは間違いないのです。

つまり、大昔の人々も、「自の認識」が死によって消滅することを、理性優位型思考では受けいれることができたのかもしれませんが、その思考に、今、自分が持っている「自の認識」が消えてしまうのは感情的に納得できない、このような感情が混入、思考が感情優位になることで、「自の認識」は、自分の死後も、次の世、また次の世と、転生を繰りかえしてありつづける、このように結論づけるしかなかったのです。

ただし、『死者が「次の世」で使うための副葬品』、『同じアートマンを持った存在として「次の世界」に生まれかわる』ここに出てくる「次の世」や「次の世界」が、次元のある「有の世界」であることは間違いないにしても、現実の世界なのか、夢になぞらえて描かれた世界なのか、それは私にはわからないのです。とはいっても、いずれ、死への恐怖から逃れるために案出された世界でしょうから、たぶん、そこは、夢になぞらえて描かれた世界で、苦など存在しない楽園的なところであろう、とは想像されます。

2　御霊とか怨霊とかを信じたのはなぜですか

御霊《ごりょう》とか怨霊《おんりょう》とかが信じられていた時代には、理性優位型思考では死後の世界が「無」であることにかならずしも矛盾を感じなかった人々も、思考に、今、実感している「自の認識」が死と同時に消えてしまうことはあり得ない、このような感情的思惑がはいって思考の合理性が無視されることで、「自の認識（魂）」は、自分の死後も、朽ちていく肉体をはなれ、神の国（神道の場合）や彼岸（仏教の場合）にあって、永遠にありつづけるに違いない、このような想いに支配されるようになりました。そして、これが、心身の二重構造思考を誘《いざな》い、御霊思考や怨霊思考が生まれた要因の一つにもなったのです。

御霊と怨霊の違いは、御霊は、そのもともとが天皇家の死者の霊を意味していましたから、どちらかといえば、高貴な人の死霊《しりょう》が御霊で、怨霊は普通の人の死霊をさしていたのですが、いつのころからか、まとめて、怨霊、とするようになったようです。

平安時代になると、政争などで敗れ、無念のうちに死ななければならなかった人の死霊を、怨霊、と呼ぶようになりました。そのような人の霊は、現世に怨みを残して死後の世界へと旅立ったために、すんなりと神の国や彼岸にいき着くことができず、現世と来世の間（仏教でいえば、此岸から彼岸への旅路、冥途）でさまよっていて、現世に祟り、災害や病気を引き起こす、と考えられたのです。

平安時代は怨霊がもっともはびこった時代です。左大臣藤原時平のねたみによって九州の太宰府に左遷させられ、その地で無念のうちにこの世を去った菅原道真の怨霊がもたらした、とされる落雷のような自然災害はもとより、人それぞれの病気も怨霊にその因を求めたのですが、とくに、亡くなった人に危害を加えた、こんな自覚のある人にはそれが身にせまって受けとられたのです。

この時代には、皇位の跡目争いをはじめ、政争が日常的にありましたから、それらに敗れて、失意のままで、あるいは、憤怒をいだいたままで現世を去る人も少なくなかったのです。一方、もちろん偶然でしかありませんが、それらの人々が亡くなった後に、自然災害が起きることや、個々には病気になることがあってもいいわけで、とすると、その災害や病気は、失意のままで、あるいは、憤怒をいだいたままで亡くなった人の怨霊による仕業、人々がこのように理解することもあり得て不思議ではなかったのかもしれません。

しかし、来世が次元のない「無の世界」では怨霊自体があり得ないのですが、かりに、来世が、秩序の有無はともかく、次元のある「有の世界」であるとし、現世に怨みを残して死後の世界に向けて旅立ったために、すんなりと神の国や彼岸に到達できず、現世と来世の間をさまよう怨霊があることを認めたとしても、たびたび述べているように、その怨霊には記憶機能がないのですから、生前の怨みなど消えているでしょうし、また、怨霊に、災害をもたらす力や、人々を病気にする力があるはずがありませんので、怨霊による祟りなどは考えられないのです。

つまり、怨霊は実在しない空想の産物でしかありませんが、怨霊による祟りを想像し、それを想い悩むことで精神的なダメージをこうむり、それが因で病気になる、これはあり得る、とは思います。しかし、怨霊による祟りそのもので災害が起きたり病気になる、これはないので、かりに、当時の人々が、そのように空想し、それを確信していた、とすれば妄想におちいっていたことになります。

3　死んだ人が怨霊になることはありますか

現世に想いを残して死んだ人の魂（自の認識）が、現世に残した想い、それが障りになって、すんなりと、来世、すなわち、神の国（神道の場合）や彼岸（仏教の場合）、あるいは、転生先にいき着くことができず、現世と来世の間でさまよっていて、現世に祟り、災害や病気を引き起こす、このように考えるのが怨霊（御霊）思考です。

たしかに、人間が心《こころ》と肉体の二重構造になっていて、死によって、肉体は滅びても、「自の認識」が肉体からはなれて変身した魂が、生前の記憶をたもったまま、現世と来世の間にある領域を経て、神の国や彼岸、あるいは、転生先にいくのであれば、現世に怨みを残すなど、なんらかの原因があって、そちらにいきそびれて現世と来世の間をさまよう霊（魂）があり、それが怨霊となって祟ることがある、このように考えられなくもありません。しかし、これだけの条件がそろって充たされる、そんなことはあり得ないのです。

私は、心身一如で、「自の認識」は、死と同時に魂に変身する間などなく消えてしまう、と理解していますし、そもそも現世と来世の間に領域があるなどとは想定していないのですが（「Ｉ 3⑵　生と死の間には領域がありません」を参照してください）、かりに、「自の認識」が変身して生まれた魂（怨霊）が現世と来世の間をさまようことがあった、としても、「自の認識」には記憶機能がありませんから、それが肉体からはなれて生まれた魂にも、当然、記憶機能がないわけで、さまよっている魂も生前にあった怨みなどは消えてしまっている、とも認識しています。

心身一如、この認識が正しければ、現世と来世の間をさまよっている霊（魂）も存在しないことになりますから、霊（魂）が現世に祟るということはあり得ませんし、かりに、現世と来世の間をさまよっている霊（魂）がある、としても、その霊（魂）には記憶機能がないのですから、記憶機能のない霊が現世に怨みを残している、そんなことはないわけで、いずれにしても、霊（怨霊）が災害や病気を引き起こす要因などにはなり得ない、となるのは間違いありません。さらにいえば、私の想定では、個固有の本能ともいえる「自の認識」が生きている肉体からはなれることがないのはもちろん、来世は次元のない「無の世界」で、「自の認識」は死と同時に魂になど変身しないで消えてしまうことになっていますから、そもそも、「自の認識」が肉体から離脱することで生まれる、とされる魂自体がありようもないのです。

つまり、私が想定しているように、心身一如で、来世が「無の世界」であれば、死と同時に「自の認識」は魂になど変身しないで消えてしまいますから、御霊や怨霊の源、魂自体が空想が生みだした架空の存在で実在しないことになりますし、かりに、来世が次元のある「有の世界」であり、また、心身が二重構造になっていて、「自の認識」が肉体からはなれて魂（霊）に変身し、その魂（霊）が現世と来世の間をさまようことがあったとしても、その霊には記憶機能がないのですから、現世での怨みをたもちつづけていることはないので、いずれにしても死んだ人が御霊や怨霊になって現世に祟るなどはない、となります。したがって、来世が、「有の世界」か「無の世界」、いずれであっても、「Ⅲ2　御霊とか怨霊とかを信じたのはなぜですか」で述べたように、死んだ人が御霊や怨霊になって現世に祟ることはない、これ以外の結論はないのです。

ちなみに、お化けには、幽霊と化け物の二種類がある、と私は考えています。幽霊の源は人間や畜生、化け物の源は、木石など、自然物です。幽霊は、人間や畜生の「自の認識」は肉体からはなれて魂（霊）に変身することが可能である、と想像（空想）し、その霊が人間様の形状にみえた、すなわち、幻視を現実、と誤認し、それを確信したものですし、化け物は、自然物にも霊がある、と想像（空想）し、その気配を感じとった幻覚を現実、と誤認し、それを確信したものです。したがって、幽霊と化け物、これらはいずれも妄想の産物です。ただし、真夜中に出る幽霊や化け物は、それらを夢にみて、その夢を現実、と確信した可能性があり、とすれば、それはせん妄の産物になります。

4　死んだ人はどこにいくのですか

心身は二重構造になっていて、死によって肉体は滅びても、今、自分が持っている「自の認識」は、死によって滅びる肉体をはなれ、魂に変身して、秩序が確立しているか崩壊しているかはともかく、次元のある「有の世界」、すなわち、現実の世界（現世）ないし夢になぞらえて描かれた世界（神の国や天国、地獄）で、別の個に宿るか（転生）、あるいは、霊としてありつづける、今でもこのように信じている人々がいるのは事実です。たしかに、だれにもわからない死後の世界のことですので、それがぜったいにあり得ない、とはいえないのですが、しかし、これまでも述べてきたように、転生する主体、と仮想される「自の認識」は、個固有の本能ともいえるもので、生きているときも、死に際しても、体内から抜け出ることはないし、外から体内にはいることもないのですから、死後の世界をどのように想定しても、それ（自の認識）が肉体からはなれて魂に変身する、その魂が次の世で別の個に宿ってありつづける、このいずれもがほとんどあり得ない現象なのです。

私の想定では、来世が次元の存在しない「無の世界」ですし、生と死の間には領域がなく、生から死へは刹那に移行するはずですから、死と同時に、心と共に、「自の認識」も、魂に変身するなどなく消えてしまうことになっています。心的には、人間が死と同時に「無の世界」にはいるのは当然なのです。しかし、それではさびしいので、私が、「私たち動物は、死んでも、想いだしてくれる人がいれば、その人の心のなかに、生きたままの姿で残っている」、と考えることにしているのは、すでに述べてあるとおりです。

5　死の瞬間、魂が抜け出るので、そのぶん体重が減る、こんな話がありますが、本当ですか

有史以前の古《いにしえ》から、現世は、肉体に霊が宿っていての生命現象のあらわな世界であり、来世は、肉体と霊が切りはなされて生命現象が消え失せ、霊として存在する世界、と考える人が少なくありませんでした。転生思考もですが、これも心身の二重構造思考で、この思考も大昔からひろく容認されていたのです。

もちろん、今でも心身の二重構造を信じている人がいて、というよりは、そのほうが多く、死の瞬間、「自の認識」が魂となって肉体をはなれる、とすれば、「自の認識（魂）」の重さだけ重量が減るだろう、このように考えて、死直前の体重と、死直後の体重を比較する、こんな観察

をした人さえもいます。それらの成績では、死の瞬間、体重が数グラムは減るのだそうですが、しかし、かりに、心身が二重構造であった、としても、私が想定している「自の認識」、そして、それが肉体からはなれることで生まれる魂、それに質量があるはずがありませんから、まあ、これらの成績が眉唾もの以外のなにものでもないのは間違いありません。当然ですが、かりに、「自の認識」が魂に変身、それが肉体からはなれて空中を浮遊する、とすれば、それ（魂）は、空に浮かぶ風船を想い描けばわかるように、空気と同じ重さか、空気よりも軽いわけで、「自の認識（魂）」の抜け出た後の肉体は、重量が、かわらないか、あるいは、増さなければならないのです。

つまり、死と同時に、「自の認識」が魂に変身して肉体から抜け出すからそのぶんだけ体重が減る、こんなことはあり得ないので、死直後に「自の認識（魂）」のぶんだけ体重が減った、このような結果が出た観察には人為的な操作が加わっていたに違いないのです。

6　他人の夢枕に立って自分の死を告げる、こんなことがありますか

死に瀕した人が他人の夢枕に立って自分の死を告げる、これは、「自の認識」が肉体を抜け出して魂に変身、その魂が飛遊（私の造語かもしれませんが、空間を自由に移動する、という意味

です）できる、そして、飛遊してきた魂が他人の睡眠時思考を自由に操れる、これらが可能であることを、前提、として成り立つのでしょうが、しかし、私は、そもそも、魂は架空の存在で実在しない、と考えていますので、私の発想ではあり得ない現象になります。

死に瀕した人が夢枕に立つ、これが信じられたのは、夢に出てきて別れを告げた、その時間帯にその人が死んだ、こんな出来事があるからでしょうが、しかし、これは、夢思考（睡眠時思考）の材料選びが無選択的で、心に大きくあることがらが夢に出てきやすいこと、それと、偶然のかさなりで起きるのです。

たぶん、夢に出てきて別れを告げた、その人は重い病気にかかっていたに違いありません。そして、その人を夢にみた人は、その人の近親者あるいは親しいお友だちで、日ごろ、その人のことを常に気にかけていた、と考えられ、とすれば、別れを告げにきたその人のことが夢にみた人の心に大きくあったに違いなく、夢思考（睡眠時思考）は表層領域（思いだせる記憶が収納されている領域）にある記憶を無選択的に取りだしてその材料にしますから、その人の夢を頻回にみてもいいわけです。しかも、夢に出てきたその人は重い病気にかかっていたのですから、ちょうど夢にみた時間帯と、死の時間帯とがかさなっても、それは、確率の高い偶然で、なんの不思議もありません。また、その人が別れを告げた、これも、夢は、連想法を用いれば、たとえば、「風が吹けば桶屋が儲かる」式の解釈ができますから、夢に出てきた出来事はなんでも「別れを告げに来た」ことにできるのです。

他人の夢枕に立って自分の死を告げる、これが現実としてあるためには、「人間が心（魂）と肉体の二重構造になっていて、それが分離可能であること」・「魂が空間を飛遊できること」・「飛遊してきた魂が他人の睡眠時思考を自由に操れること」、この三つのことがらすべてがあり得なければなりません。

死に瀕した人が他人の夢枕に立って自分の死を告げる、これが可能であるためには、死に瀕した人はまだ生きているのですから、生きている間に、「自の認識」が肉体からはなれて魂に変身できなければなりません。しかし、人間の「自の認識」は、個固有の本能ともいえる存在で、一生を通して継続してあるものですから、生きているとき、それが肉体からはなれて魂になるなどはあり得ません。では、かりに、死に瀕してではなく、死んでから他人の夢枕に立って自分の死を告げる、と考えたらどうかですが、これも、心身一如で、死と同時に「自の認識」が消えてしまうのは当然ですし、さらには、私の想定では、死後の世界は次元のない「無の世界」であり、しかも、生から死への移行は、一方向、刹那、となっていて、いずれにしても、死と同時に「自の認識」は魂に変身する間などなく消えることになっていますから、あり得ないのです。とはいっても、たしかに、人間は心（魂）と肉体の二重構造になっていて、それが分離可能、このように認識している人もいますから、それらの人々にとっては、「人間が心（魂）と肉体の二重構造になっていて、それが分離可能であること」、この条件は、クリアのできる項目で、人によって判断が分かれるところかもしれません。しかし、魂が空間を飛遊する、これができるのは、物語など、フィクションでだけですし、また、飛遊してきた魂が他人の睡眠時思考を自由に操る、これは憑依《ひょうい》（霊などがのりうつること）といわれる現象の一種かもしれませんが、かりに、飛遊する魂の存在を認めたとしても、夢主自身でさえも自分の睡眠時思考に任意の意思がいれられないので、まして、飛遊してきた魂が他人の睡眠時思考を自由に操るなどが不可能なのはあきらかですから、これもあり得ません。さらにいえば、魂は「自の認識」が肉体から離脱して変身したもの、と仮想されるのですが、「自の認識」に記憶機能がないのですから、それが変身した魂に記憶機能があるはずもなく、その魂が、なにかを伝える、こんなことができないのは当然なのです。

　つまり、クリアしなければならない三項目のなかで、最初の一項目は認識の分かれるところかもしれませんが、他の二項目はあり得ないわけで、他人の夢枕に立って自分の死を告げる、この現象が信じられたことの因は、繰りかえしになりますが、病んでいる知人の夢をみた、その日にその知人が死んだ、このような、起こり得て不思議ではない偶然を偶然と認識しなかった、それだけのことにあるのです。

　ちなみに、『奥会津―神々との物語（奥会津書房）』に、「霊の不思議」、と題して次のようなお話が載っています。

鈴木千代子さん（只見町）のお話：南方派遣軍兵士であった夫、良雄が最後に書いた手紙は、九月九日の只見祭りの前で、「ちかいうちにお祭りになるなあ……」、とある、故郷を懐かしんだ手紙だった。その手紙のなかから九月二十二日の日めくりカレンダーがひらひらとおちてきた。

千代子が夫の死を知ったのは昭和二十二年一月二十二日だった。死に場所はビルマ（現在のミャンマー）とあった。千代子は、夫が、「俺の死んだのはビルマではないぞ」、といっている夢を何回となくみた。

後日、遺骨をもらって蓋を開けてみたところ、袋に、「昭和十九年九月二十二日雲南省芒市にて戦死」、とはっきり書かれていた。

これは、年月日については、たぶん、手紙を書いたのは昭和十九年九月九日の何日か前で、それを投函できる状況になったのが九月二十二日、その日に日めくりのカレンダーを同封して投函、しかも、その日に戦死した、と推測されます。また、死んだ場所については、千代子さんが、良雄さんが当時ビルマにいなかったことを知っていた（私の推測です）ので、ビルマでの戦死に不審をいだいていたためにそれが夢に現れたもの、と思われます。

橘クニ子さん（舘岩村）のお話：橘孫吉の長男、久太（二十九才）は中支派遣軍に招集され、その留守宅では、毎日、朝食用にいろりで二升炊きのツバ釜でご飯を炊いていた。この年（昭和十二年）の十月二十七日、いつもどおりツバ釜でご飯を炊いたところ、蓋をとったら、ご飯の真ん中がまっ赤な血のような色に染まっていた。家中のみんなが、それをみて驚き、久太になにもなければよいが、と心配した。

「昭和十二年十月二十七日、橘久太が中支江蘇省馬家宅にて戦死」の公報がはいったのはしばらく経ってからだった。

ご飯が赤くなったのは久太の血ではないか、と今も不思議に思っている。


久太さんが戦死したその日に、留守宅で炊いたご飯の真ん中がまっ赤な血のような色に染まっていた、たしかに、これは、偶然、としても不思議な出来事です。しかし、それでも、偶然、と考えるほかはないのです。ご飯の真ん中だけが赤く染まるには、赤い色素を、最初にいれたのでは全体が赤くなるからだめで、炊きあがる寸前か、炊きあがってからいれなければなりません。とすれば、それができるのは人間だけですから、だれかが、故意にか誤ってかはともかく、色素をいれたに違いないので、たまたま、それが久太さんが戦死した日とかさなった、この出来事が作り話でなければ、可能性はほぼこれしかありません。人間が細工をしないかぎり、炊きあがったご飯の真ん中がまっ赤な血の色に染まる、こんなことはあり得ないのです。

ただし、想像の輪をひろげてみると、橘家の家族のだれかが、どこから情報を入手したのかはともかく、その日に久太さんが戦死したことを知って、それとなく家人に知らせるべく、ご飯のなかに赤い色素をいれた、こんな可能性が皆無ではないのかもしれません。

7　ヒンドゥ教徒に、不殺生主義者・菜食主義者が多いのはなぜ

インドで大勢をしめているヒンドゥ教の源はバラモン教です。バラモン教では、生物を、胎生（哺乳類）・卵生（魚類・爬虫類・鳥類など）・湿生（昆虫類）・芽生（植物）に分け、生物は、死にかわり生まれかわりしながらこれらの間を輪廻する、と考えます。この思考を受けつぎ修正して六道輪廻思考をあみだしたヒンドゥ教徒も、来世、自分が、魚や鳥、あるいは昆虫に生まれかわるかもしれないし、ことによれば、自分の目の前にいる虫や魚の前世がすでに亡くなっている自分の親兄弟かもしれない、と考えるのです。実際、ヒンドゥ教の教徒が大半をしめるインドには、あらゆる生きものを殺さない、とする人たちがいます。ヒンドゥ教の教徒が、雨期に安居《あんご》（一定期間遊行に出ない）するのも、農業生産が禁じられていたのも、また、かれらの持つ錫杖《しゃくじょう》（修験者や僧侶の持つ杖）の天辺《てっぺん》で音がするのも、みんな地面や土中の小さな生きものを殺さないための配慮なのです。

つまり、六道輪廻思考を持ったヒンドゥ教の教徒は、自分が、死後、なにに転生するのかわからないし、すでに亡くなっている親兄弟がなにに転生しているのかもわからない、ということで、殺生を嫌い、菜食主義になる人が多いのです。

ちなみに、バラモン教での転生先には芽生（植物）もふくまれていたのですが、それでは、菜

食もできず、食べるものがまったくなくなりますので、ヒンドゥ教の六道思考では転生先から芽生（植物）は除外されています。

それはともかく、畜生は、『Ｉ４⑴人間以外の動物の「自の認識」と「魂（霊）」』のところで述べたように、転生する主体、「自の認識」は持っていますので、転生先になることは可能ですが、空想の産物、魂を持っていませんから、次の世、次元のある「有の世界」への転生はできません。とすると、転生のできない畜生の次の世は、必然的に、次元のない「無の世界」になります。それが正しければ、畜生に転生した個はその後は転生できないので、転生のできない畜生が六道の輪のなかにはいっているのは、六道思考にふくまれている不合理の一つであるのはたしかです。

一方、草木（植物）は、となると、『Ｉ４⑵草木の「自の認識」と「魂（霊）」』のところで述べたように、そもそも転生する主体、「自の認識」を持っていませんので、次の世への転生ができないのはもちろんですが、転生先にもなれないので、六道にかぎらず、輪廻の輪にはいっていること自体が不合理なのですから、六道輪廻思考でその輪からはずされたのは当然なのです。

8　織田信長が、無間地獄におちた、といわれたのはなぜ

現在でも、一部の仏教には、悟りをひらくまでは、死にかわり生まれかわりしながら六道を輪廻する、このような思考が残っています。六道のなかでもっとも過酷な世界が地獄道ですが、この過酷な地獄道の世界にもランクがあり、無間《むけん》地獄（阿鼻《あび》叫喚《きょうかん》地獄《じごく》ともいい、間断なく苦を受け、楽をする間がない地獄）が最高に過酷なところ、とされていて、ここには、父母殺し・聖職者殺し・寺院や教典を焼きはらうなどの仏に対する冒涜行為、これらを犯した者がいかされることになっています。

つまり、六道輪廻、それを信長自身は信じていなかったのでしょうが、六道におちるのが怖くて出家した人もいた時代ですから、石山本願寺とはげしい戦いをして僧侶を殺したり、比叡山延暦寺を焼き討ちにした信長、その死後の霊が、六道輪廻を信じていた当時の人々に、無間地獄におちた、と考えられたのは当然なのです。

9　六道とはどんな世界

六道輪廻思考は、衆生（一切の生物・人間をふくめたすべての動物）は、悟りをひらいてその輪から抜け出さないかぎり、死にかわり生まれかわりしながら、地獄道・餓鬼道・畜生道・修羅道・人道・天道、この六つの世界をめぐっていなければならない、とする思考で、そのためには、来世が、秩序の整った次元のある世界、すなわち、目覚めていての現実の世界であり、また同時に、秩序は崩壊しているが次元のある世界、すなわち、眠っていての夢になぞらえて描かれた世界でもある、このように想定されていなければなりません。なぜなら、畜生道と人道は、目覚めていての現実の世界ですし、地獄道・餓鬼道・修羅道・天道は、眠っていての夢になぞらえて描かれた空想の世界で、両方の世界を死にかわり生まれかわりしながらめぐるのが六道輪廻だからです。

日本でも、中世（鎌倉幕府の成立した十二世紀末から、室町幕府が滅亡した十六世紀末まで）には、六道輪廻思考が世間にゆきわたっていて、人々は、死後、地獄道や餓鬼道、畜生道、修羅道におちることを怖れ、死後の救済を切実に求めていました。

たしかに、「自の認識」は、不滅で、死後は肉体をはなれて「魂」に変身し、次の個に転生したら、「魂」から「自の認識」にもどる、これを繰りかえしながら、途切れることなく六道をめぐっている、この発想は、私の想定している、死後の世界が次元のない「無の世界」であったり、現世と来世間を移行できるのが、現世から来世への一方向に一回だけ、これらが正しければあり得ないのですが、しかし、来世を、目覚めていての現実の世界であり、また、眠っていての夢になぞらえて描かれた世界でもある、このように想定できれば、「自の認識」と「魂」が交互に変身し、生まれかわり死にかわりを繰りかえしながら六道をめぐる、このような発想が生まれてくるのもわからなくはないのです。

つまり、六道思考では、来世、目覚めていての現実の世界に生まれかわれば、そこは、人界か畜生界のどちらかになるのですし、眠っていての夢になぞらえて描かれた空想の世界に生まれかわれば、そこは、地獄界・餓鬼界・修羅界・天界のどれかになるのです。

ただし、「自の認識」と「魂」が交互に変身し、生まれかわり死にかわりを繰りかえしながら六道をめぐる、この発想は、「Ⅰ3(3)生から死への移行は、単方向性であり、しかも、刹那です」のところで述べた、現世と来世間を移行できるのは一方向に一回だけ、この想定の範囲を逸脱していて合理性に欠けていることは間違いありません。

六道を簡単に説明しますが、六道は、高倉天皇の中宮で安徳帝の母、建礼門院徳子《けんれいもんいんとくこ》（平清盛の娘）が、自分はこの世で六道のすべてを味わった、と徳子に会いに大原の寂光院《じゃっこういん》をおとずれた後白河上皇（徳子が、後白河上皇の子ども、高倉天皇の中宮ですから、後白河上皇は、徳子の義父ですが、平家を滅ぼした源氏方の旗頭的な存在でもあります）に語っているように（平家物語）、ことの軽重はともかく、一生ではもちろん、日常でも、人間は六道のそれぞれに少なからず出会っている、と考えられます。六道は、現世にあった人間が考えだした、いわば、現世的思考の産物ですから、必然的に、現世で起きることがらになぞらえて描かれた世界か、現世での現象をもとに空想された世界にしかならないので、極端にいえば、現世の人間社会の一場面でもあるのです。そこで、現世で私たちが出会っているであろう六道のそれぞれを、一部、ヒンドゥ教や仏教の描く六道世界と対比して考えてみます。

地獄道＝ヒンドゥ教や仏教が想定している地獄界は、灼熱地獄や酷寒地獄、あるいは、針地獄など、苦の世界で、地獄道におちれば、常にそれらにさいなまれることになります。ただし、灼熱地獄や酷寒地獄、針地獄など、これらは、たとえでしかなく、要は、苦しい状況にありながらそこから抜け出せない状態、それが地獄界です。そんな状況は、長い人生、だれでもが一度や二度は経験しているはずで、まったくその経験がない、こんな人は、たぶん、いないはずです。たとえば、受験地獄や借金地獄など、人間社会には地獄の材料になるものはいくらでもあるのです。したがって、地獄界は、とくべつな世界ではなく、そこで味あう苦痛の軽重はともかく、人間であれば、だれでもが稀ならず遭遇している世界、すなわち、人間世界の一面、とも考えられるのです。

餓鬼道＝餓鬼界、そこにいかされたものは、飲食物が得られずに飢えに苦しみつづけるか、あるいは、逆に、食べても食べても飢餓感から抜けられない、このような状態になる世界です。

　食べたいのに食べるものがない、これは私たちの日常でも茶飯にあることです。お腹が空いた場面で、いつでもそこに食べものがある、そんなことはあり得ないからです。それでも、日本では食糧不足で困っている話はあまり聞きませんが、国によっては、今の時代でも餓死者が出るような状況にあるのです。

一方、すでに必要なものが手にはいっているのに満足できない、これは、欲望にかぎりがなく、適当なところで満足する、この資質そのものが欠けているからになります。美味しいものを食べても、もっと美味しいものが食べたい、預金が一億円あっても、もっと増やして二億円にしたい、このように、自身の欲望に限度がなければ、満足もないわけです。

考えてみれば、人間は欲望のかたまりみたいなものですし、「現状に満足せず、さらなる上を目指せ」、このような教育がまかりとおっている人間社会ですから、餓鬼界は、一部とくべつな人たちだけではなく、人間であればだれでもが住む世界なのかもしれません。

畜生道＝畜生界は、たがいに殺傷しあい、また、恥の概念がない世界、となっています。しかし、人間以外の動物は、食料として必要としないかぎり、あるいは、種の存続に必要な自分のテリトリーが脅かされないかぎり、同種異種を問わず、ほかの動物を攻撃することはほとんどありません。しかも、かれらは、自分の遺伝子を残すことを目的として、たとえば、一匹のメスをめぐって二匹のオスが争うなど、このような同種同士の争いはありますが、それでも、人間のように生死をかけてまでは争わず、適当なところで決着をつける分別を持っています。人間だけが、太古の昔から現在にいたるまで、同種同士、集団での殺しあいを飽きることなくやっているのです。

さらに、自然災害などで危険がせまり、住人が避難して留守になっている家、そんな家に空き巣にはいるなどを恥ずかしいとも思わないやからのいるのも人間世界です。つまり、たがいに殺傷しあい、また、恥の概念がない、とされるこの世界（畜生界）は、そのまま、人間世界にすっきりと該当するのです。

ちなみに、『Ⅰ4⑴人間以外の動物の「自の認識」と「魂（霊）」』で述べたように、私の想定では、畜生には、「自の認識」はあるが魂はない、となっていますので、転生の橋渡し役をつとめる魂のないかれらは、「自の認識」がありますから転生先にはなり得ますが、次の世での転生はできません。すなわち、畜生に転生したら、そこで転生が終わり、次の死後の世界は「無の世界」になるので、転生ができない畜生が六道の輪のなかにはいっている、これも六道思考にふくまれる不合理の一つなのです。

修羅道＝修羅界は、怒りや闘争に明け暮れている世界、とされています。人間は、有史以前から現在にいたるまで、地球上のあちこちで常に争ってきました。畜生道のところでも述べたように、人間は、これまで同種同士が集団で生死をかけた争いをしてきたし、今もしているのです。しかし、人間以外に、同種同士が集団で生死をかけて争う、こんなばかげたことをする動物種はありません。このような争いは、他の動物種にはみられない、人類独特の愚かな行為です。したがって、怒りや闘争に明け暮れている世界、この修羅界も、畜生道と同じように、そのまま人間世界に当てはまるのです。

人道＝人間の住む、目覚めていての現実の世界は、四苦八苦（語句の説明③を参照してください）からのがれられず、楽よりも苦のほうが多い世界です。毎日の仕事にしても、楽しいことよりも苦しいことのほうが多いはずで、だから、休日が待ち遠しいのです。ギャンブルは、当たったときの快感を大きく、はずれたときの落胆を小さく感じることですたれないのですが、同じように、人間は、生活の知恵で、苦を小さく、楽を大きく感じることでなんとか毎日が過ごせているのではないか、と私は考えています。もちろん、人道は、人間の住む現実の世界ですから、そのまま人間世界であるのは当然です。

なお、仏教での苦、これは、私たちの考えている苦とはちょっと違い、自分の思うがままにならないことを思うがままにしたい、そのときに生まれる悩みのことです。たしかに、生病老死はもちろん、愛別離苦・怨憎会苦・求不得苦・五陰盛苦、これらのどれもが自分の思うがままにはならないことで生まれる苦なのです。

天道＝天界は、迷いの世界、とされる六道では最上位にあるのですが、現実社会に置きかえてみると、天にも昇るように、心がウキウキしている世界ですから、もちろん、人それぞれなんでそのような状態になったかの因は違うにしても、だれでも、一生のうちで何回かはそのような状態を経験している、と思われます。たとえば、入学試験や入社試験に合格したとき、あるいは、女性であれば、赤ちゃんを産んではじめて母親になったとき、これらで喜びを感じている、これが天界にある状態なのです。つまり、天界も人間世界の一場面であることは間違いなさそうです。

このようにみてくると、安徳帝の母、徳子がいうように、六道のそれぞれには、だれでも、日常、少なからず出会っている、と考えられますので、極端にいえば、六道の各界それぞれは人間世界の現象を六道にところを借りて表現したもの、と理解してもそれほど大きなずれはないのかもしれません。

ちなみに、悟りをひらけるのは人道にあるときだけで、地獄道、餓鬼道、畜生道、修羅道からはともかく、人道よりも上位にありながら、天道にあっても悟りをひらいて六道から抜け出ることができない仕組みになっています。なぜ、人道よりも上位にある天道なのに六道から抜け出ることができないのか、それは、悟りをひらくには我執からの離脱が必要なのですが、天道には我執そのものが存在せず、存在しない我執からの離脱もあり得ない、このように理屈づけてのことかもしれない、と私は勝手に想像しています。

ところで、死にかわり生まれかわりしながらめぐる六道輪廻の存在する可能性は、となると、かりに、転生がある、とすれば、転生する主体、と考えられる「自の認識」、それが肉体からはなれて変身したものが転生でのつなぎ役、となる魂ですが、「自の認識」が肉体からはなれて存在する、とは考えられず、その魂が、空想の産物、架空の存在で実在しないのですから、転生自体があり得ないわけで、したがって、六道も存在する可能性はかぎりなく〇%にちかいのです。なぜ、転生する主体、と考えられる「自の認識」が肉体からはなれては存在しないのか、それは、心身一如で死後の世界が「無の世界」であれば当然、死後の世界が「有の世界」であっても、個固有の本能ともいえる「自の認識」ですので、死と同時に、魂になど変身せずに消えてしまうはずだからです。「自の認識」が肉体からはなれたもの、これが転生する前の個と転生後の個とをつなぐ役割を持った魂ですが、その魂の存在する可能性がほとんどないのですから、六道の存在が否定されるのは当然なのです。

かりに六道が存在した、としても、「自の認識」が肉体からはなれて変身したものが魂ですが、「自の認識」に記憶機能がないのですから、「自の認識」が変身した魂も、当然、記憶機能を持っていないわけで、とすれば、自分の前世が何者であったのかもわからない、そんな魂がめぐる六道は、かりに存在したとしても、それに意味がありそうには思えません。しかし、それでも六道輪廻思考が正解である確率は〇%ではないのです。なぜなら、来世は、人間、だれにもわからない世界で、だれがどのように想定しても、それが、一〇〇%あり得ない、とはいえない世界でのことだからです。

いずれにしても、六道、それが、私たちが日常的に遭遇する出来事、すなわち、現世での現象をもとに考えだされた世界である、とすれば、だれでも六道のそれぞれに少なからず出会っているはずですから、ヒンドゥ教や仏教が描いている六道、それはそれとして、各人それぞれが、自分の過去を顧みて、遭遇したであろう六道のそれぞれを脳裏に描き、懐かしんでみてもいいのではないか、と私は考えます。

Ⅳ

信仰

信仰、それは、信仰しようとする教団のかかげる、教理を信じ、神に帰依すること、すなわち、教団の提示することがらを無条件に受けいれることです。したがって、自分の信じよう、とする教団に、あり得ないことがらを提示されても、それを、真実、あるいは、正しいこと、と信じなければなりません。そして、宗教各派の提示している神仏や死後の世界、それらは、現世にある人、あるいは、現世にあった人が考えだした、そのほとんどが実際にはあり得ない架空の存在です。とすると、あり得ないことがらを脳裏にうかべれば空想で、その空想が妄想に変身してはじめて、そのことがら（あり得ないことがら）が、真実ないし正しいこと、と確信されることになりますので、宗教各派の提示している神や死後の世界を信じた人は妄想におちいっていることになるのです。たとえば、多くの悲惨な事件を起こして世間を騒がせたオウム真理教の信徒、この人たちは、架空の存在でしかない神仏や死後の世界を脳裏に想い描き、それを、真実、あるいは、正しい、と確信していたのですから、かれらの行為は妄想におちいってのものです。妄想は病的状態ですから、したがって、かれらの行為は、病気が因、となるわけで、医療の対象にはなっても裁きの対象にはならないのではないか、と私は考えているのですが、一般世間にこの理解を受けいれてもらうのは難しいのかもしれません。

1　神仏は本当に存在するのですか

一神教にしろ、多神教にしろ、神は空想の産物です。一方、仏のもともとは、人間、とされていますから、かりに、それが事実であれば、阿弥陀如来も大日如来も実在したことになります。しかし、それらの大半は、役柄にあわせて案出された空想の産物ですから、架空の存在であるのはあきらかです。お釈迦さまは実在したのですが、そのお釈迦さまが変身した釈迦如来もふくめて、仏も、神と同じく、そのほとんどが空想の産物なのです。

阿弥陀如来や大日如来はともかく、実在したはずの釈迦如来がなぜ空想の産物なのか、それは、お釈迦さまが、没した後、人々によって実在したお釈迦さまとは別ものにつくりかえられ、架空の存在に変身させられたからです。たとえば、お釈迦さまは、生まれてすぐに、一手は天を、一手は地を指し、七歩すすんで天上天下唯我独尊《てんじょうてんげゆいがどくそん》《この世にそれぞれの自我（心）は一つしかない、だから、だれの自我も尊いものだ、という意味で、釈迦が、自身を尊い存在だ、といったものではない、と私は理解しています》、といった、とされていますが、転生がある、としても、生前の記憶をたもったままでふたたび現世に生まれかわることはないので、新生児がそうであるように、だれでもが記憶ゼロで生まれてくるのですから、人間であればそんなことができるはずもなく、こんなエピソードが付加された時点で、実在したお釈迦さまは、架空の存在、釈迦如来に変身させられたのです。いってみれば、お釈迦さまは実在した人間、釈迦如来は架空の存在、このようになります。

ときに、神仏は、ある、と思う人にはあり、ない、と思う人にはない、などといわれますが、それは詭弁でしかなく、空想の産物である神仏が実在するはずがないのです。

つまり、神も仏も、架空の存在で実在しないのですから、それらを脳裏に想い描けば空想で、その実在が確信（盲信）されたときは妄想におちいっている、すなわち、宗教妄想におちいっていることになるのです。

2　信心は、あり得ないことがらを、真実、と確信することですから、妄想ではありませんか

思考には、脳裏に像を描いていて、普通は単独で存在する顕在思考と、像を描かずに、出番を待って潜んでいる数多の潜在思考があります。覚醒時思考も睡眠時思考も脳裏に像が描かれますから顕在思考で、この二つが脳裏に共在した状態、それが、妄想であり、せん妄である、と私は理解しているのです。

妄想は、脳裏に空想や回想（覚醒時思考）を想い描いている途中、それまで潜在していた、た

とえば、「そろそろお散歩の時間だから出かけようか」、など、潜在思考の一つが、活性化、顕在思考（覚醒時思考）、となって脳裏に像が描かれたにもかかわらず、その時点で潜在化しなければならない、それまで脳裏に描かれていた空想や回想が、潜在化せずに、睡眠領域に移行、睡眠時思考に変身して脳裏に残ったもので、すなわち、目覚めていながら、脳裏に覚醒時思考と睡眠時思考が共在している状態です。

ちなみに、せん妄は、眠っている状態から、心のはたらきが強まって目覚め、それまで潜在していた、たとえば、「起きて顔でも洗おうか」、など、潜在思考の一つが、活性化、顕在思考（覚醒時思考）、となって脳裏に像が描かれたにもかかわらず、その時点で潜在化しなければならない睡眠時思考（夢思考）が、潜在化せずに、そのまま、睡眠時思考、として残ったもので、これも、すなわち、妄想と同じく、目覚めていながら、脳裏に覚醒時思考と睡眠時思考が共在している状態なのです。

要するに、妄想もせん妄も、同じく、目覚めていながら、覚醒時思考と睡眠時思考が同時に脳裏に描かれている状態なのですが、妄想は目覚めている状態から出発し、せん妄は眠っている状態から出発するのです。

なお、眠っている状態から、心のはたらきが、強まり、覚醒領域に移行して目覚めながら、思考全体が睡眠領域に取り残された状態、これは睡眠時遊行症（夢遊病）になります。

宗教各派の提示している、死後の世界はもちろん、神仏も、そのほとんどが架空の存在ですから、それらの実在を脳裏に想いうかべれば空想ですが、宗教妄想は脳裏にこの空想が描かれている状態から出発します。教団の提示している死後の世界や神仏の実在を脳裏に描いている（空想）途中、それまで潜在していた思考の一つが、活性化、顕在思考（覚醒時思考）に変身して脳裏に像が描かれたにもかかわらず、その時点で潜在化しなければならない、それまで脳裏に描かれていた空想が、潜在化せずに睡眠領域に移行、睡眠時思考、として脳裏に残れば、その人の脳裏には、目覚めていながら、覚醒時思考と睡眠時思考が共在することになります。目覚めていながら覚醒時思考と睡眠時思考が脳裏に共在した状態が妄想で、そのような状態になれば、それまで想いうかべていた（空想していた）死後の世界や神仏の存在が確信されるのです。そして、妄想におちいっての確信は、睡眠時思考によるものですから、他からはもちろん、自身でもそれを訂正することはできません。なぜなら、睡眠時思考には、当人といえども、任意の意志がいれられないからです。

つまり、宗教各派の描く、神仏はもちろん、死後の世界も、そのほとんどは現実には存在しない架空の存在ですから、それらの実在を想いうかべれば空想です。空想を想い描いている途中、それまで潜在していた思考の一つが、活性化、顕在思考（覚醒時思考）、となって脳裏に像が描かれると、普通、それまで描かれていた空想は潜在化し、脳裏には潜在思考の一つが活性化して変身した覚醒時思考のみが描かれることになります。妄想におちいるのは、繰りかえしになりますが、それまで潜在していた思考の一つが、活性化、顕在思考（覚醒時思考）、となって脳裏に像が描かれたにもかかわらず、それまで想い描いていた神仏や死後の世界、すなわち、空想が、潜在化せず、睡眠領域に移行、脳裏に、睡眠時思考、として残ったとき、すなわち、脳裏に顕在思考である覚醒時思考と睡眠時思考が共在した場合です。空想が睡眠時思考に変身すると、睡眠時思考には当人といえども任意には意思がいれられませんから、その思考は修正できず、想いうかべていた神仏や死後の世界が、実在している、あるいは、真実、と確信されてしまうのです。極端にいえば、信心は妄想によって生まれる、といえるのかもしれません。

　なお、妄想やせん妄からの離脱は、妄想やせん妄の源になっている睡眠時思考が、いつとはなしに雲散霧消するか、眠りにはいるとき、あるいは、眠りから目覚めるときに潜在化することでなされるのですが、宗教妄想では、多くの場合、それがありません。

　しかし、妄想であっても、信心することによる功徳はあります。なぜなら、信心する、これは、起きたことがらはすべて神仏のご意志による、と解釈できますから、なにが起きても神仏のせいにできて、ある意味、気楽に生きられるだろうからです。私は、信心がたりず、起きたことがらを神仏のせいにできないので、なにごとも、運命で、生まれたときから決まっていたので仕方がないのだ、と運のせいにして落ちこまないようにしています。

3　ほとんどの宗教宗派が、自派のかかげる神仏を信仰すれば、死後も永遠の平和と安楽が得られる、と説いていますが、そんなことがあり得ますか

「生前に神仏を信仰していれば、死後も永遠の平和と安楽が得られる」、これが有意であるためには、私たちは、生前の記憶をたもちつづけたままで次の世に生まれかわらなければなりません。なぜなら、次の世に生まれかわった私たちが、生前に持っていた記憶を失っていれば、かりに、次の世で平和と安楽が得られた、としても、私たちはなんでそれが得られたのかがわからないからです。たとえば、次の世、私たちが天国に生まれかわったのなら、自分が、今、天国にあるのは、生前の所行がそれにふさわしかったからだ、これがわかることで、天国に転生したことに意味があるのですが、生前にあったときの記憶が消えていては、生前での所行がわかりませんので、なぜ自分が天国に生まれかわったのかがわからず、天国に生まれかわったこと、それ自体の意味もなくなるのです。

もちろん、私が想定しているように、死後の世界が次元のない「無の世界」であれば、そこには、生前の記憶どころではなく、自己を、自己、として認識する「自の認識」をふくめて、心そのものが存在しないのですし、平和も争乱も、また、安楽も苦難もないのですから、「生前に神仏を信仰していれば、死後も永遠の平和と安楽が得られる」、こんなこととは無縁なのは当然で

す。

　では、来世を、「有の世界」、すなわち、現実の世界（現世）、と描いたり、あるいは、ほとんどの宗教宗派がそうであるように、天国や地獄など、夢になぞらえて描いている場合はどうか、となりますが、私の想定では、「自の認識」が、かりに、次の世で別の個に宿ることができる、としても、その「自の認識」には記憶機能がなく、生前の個の「自の認識」が宿った、とされる次の世の個に生前の個の記憶が引きつがれることはない、となっていますので、神仏を信仰していたかどうかもふくめて、現世での所行が、かりに、転生する次の世での処遇にかかわったとしても、そのかかわりには意味はない、となるのです。なぜなら、生まれかわった世界が有意であるためには、そこへ生まれかわった個が、なぜ、自分がこの世界に生まれかわったのか、それがわからなければならないのですが、それには生前の記憶をたもちつづけていて、生前の自分の所行がわかる必要があるからなのです。これは、生まれかわる先が、現実の世界であっても、夢になぞらえて描かれた世界であっても同じことです。

　宗教の主たる役割が人々から死後の不安や怖れを取りのぞくことですから、宗教各派が、「自派のかかげる神仏を信仰すれば、死後も永遠の平和と安楽が得られる」、このように説くのはわかるのですが、しかし、それはあり得ないのです。なぜなら、私が想定しているように、次の世が「無の世界」であれば、そこには、平和も争乱も、また、安楽も苦難も存在しないからですが、かりに、次の世が、現実の世界や夢になぞらえて描かれた世界、すなわち、「有の世界」であるとしても、現世にあった転生前の個は、死と同時に、「自の認識」が消えるのはもちろん、心的には無になって、自分が、次の世、天国や地獄、どちらに転生しても、それを認識できないのですし、「自の認識」が宿った、とされる次の世の個も、生前の記憶を引きついでいなくて、自分が生前に神仏を信仰していたかどうかさえもわからないのだからです。

つまり、転生前の個は、次の世、自分がどこに転生したのかがわからないのですし、転生後の個は前世での自分の所行がわからないので、結局、自分がどこに転生したのかがわからない個、前世にあったときの自分の所行がわからない個、いずれの個も、生前に神仏を信仰していたかどうかと次の世での処遇、それにつながりがあろうとなかろうと、そんなことはあずかり知らぬことなのです。

4　本邦にも、亡骸を埋葬してあるお墓をあまり重視しないグループがある、といわれていますが、本当ですか

亡骸《なきがら》を埋葬してあるお墓をあまり重視しない人たちがいる、とすれば、これらの人たちの思考は、『死後の世界は次元のない「無の世界」』・「心身一如で、死によって肉体が生命活動を終えると同時に心（魂）も消えてしまう」・「死後の霊（魂）は生命活動を終えた肉体をはなれて浄土に

料金受取人払郵便

大阪北局
承　認

6123

差出有効期間
2023 年 5 月
3 1日まで
（切手不要）

郵便はがき

553-8790

018

大阪市福島区海老江5-2-2-710

㈱風詠社

愛読者カード係 行

ふりがな お名前		大正 昭和 平成 令和 年生 歳
ふりがな ご住所	□□□-□□□□	性別 男・女
お電話 番　号		ご職業	
E-mail			
書　名			
お買上 書　店	都道 府県　市区 郡	書店名	書店
		ご購入日	年　月　日

本書をお買い求めになった動機は？

1. 書店店頭で見て　2. インターネット書店で見て
3. 知人にすすめられて　4. ホームページを見て
5. 広告、記事（新聞、雑誌、ポスター等）を見て（新聞、雑誌名　　　）

風詠社の本をお買い求めいただき誠にありがとうございます。
この愛読者カードは小社出版の企画等に役立たせていただきます。

本書についてのご意見、ご感想をお聞かせください。 ①内容について
②カバー、タイトル、帯について
弊社、及び弊社刊行物に対するご意見、ご感想をお聞かせください。
最近読んでおもしろかった本やこれから読んでみたい本をお教えください。

ご購読雑誌（複数可）	ご購読新聞 新聞

ご協力ありがとうございました。

※お客様の個人情報は、小社からの連絡のみに使用します。社外に提供することは一切ありません。

いく」・「死後の霊（魂）は生命活動を終えた肉体をはなれて他界にいく」・「亡骸は朽ちても、魂（霊）は六道を輪廻している」・「亡骸に魂は残っていない、魂は死と同時に神に変身する」、おおよそ、この六つに分けられます。

①死後の世界は次元のない「無の世界」、と考える人々

死後が「無の世界」であれば、死ねば、「自の認識」をふくめて、心も消えますから、お墓には、生命現象のない骨があるだけで、魂がないのは当然です。ただし、このように考える人は、個別には、その数はともかく、たくさんいるようですが、集団としては、私の知るかぎり、ありませんし、死後の世界が「無の世界」では、そこにはなにも描けず、宗教であるための必要条件を充たせませんから、もちろん、そのように説く宗教宗派もありません。

②心身一如で、死によって肉体が生命活動を終えると同時に心（魂）も消えてしまう、と考える人々

曹洞宗の始祖、道元は、心身一如を説いています。心身一如であれば、肉体が生命活動を終えると同時に、心（魂）も消え去るでしょうから、お墓に魂はいない、となるのです。ちなみに、この場合は、死と同時に心（魂）も消えてしまいますので、必然的に、来世は「無の世界」になります。

③死後の霊（魂）は生命活動を終えた肉体をはなれて浄土にいく、と考える人々

このように考える人たちは、浄土宗や浄土真宗を信仰する一派です。これらの宗派では、死に

よって心身が活動を終えるときに、「自の認識」だけがそれ（心身）から離脱して魂に変身、その魂は浄土にあって、お墓には魂の抜けた亡骸があるだけ、と考えますから、事実上、お墓に詣でる必要がないのです。

④死後の霊（魂）は生命活動を終えた肉体をはなれて他界にいく、と考える人々

これは神道の想定している死後の世界で、神道的思考では、人が死ぬと、朽ちていく肉体は土に返り、肉体からはなれた霊（「自の認識＝魂）は死霊《しりょう》となって山に帰ることになっています。山に帰った霊は、最終的には、子孫に恵みをもたらす祖先神（祖霊）になる、と考えるのですが、いずれにしても、霊（魂）は肉体をはなれて山にいくのですから、お墓に霊（魂）は残っていないのです。

⑤亡骸は朽ちても、魂（霊）は六道を輪廻している、と考える人々

この場合も、死によって心身が活動を終えるときに、「自の認識」だけがそれ（心身）から離脱、魂に変身して転生を繰りかえしながら六道を輪廻する、と考えるのでしょうから、当然、お墓には、朽ちていく亡骸が残っているだけで、魂は残っていないわけです。

⑥亡骸に魂は残っていない、魂は死と同時に神に変身する、と考える人々

これは、沖縄の大神島にある思考です。かって、この島では、風葬にするので墓地がなく、遺体を、放置、自然に白骨化させた後、洗骨し、骨を瓶《かめ》にいれて洞窟のなかにおいたのです。これらの骨は、魂の抜け殻ですから、墓参の対象にはなりません。今は、白骨化した亡骸は、洞窟で

はなく、大きなコンクリート製の入れ物にいれて保管されるそうです。一方、死後、死者の魂は、ただちに、「ウヤガム」、という神になることになっていますから、そちらを祭祀の対象にします。

ほかに、現在は少なくなったそうですが、両墓制、といって、お墓を二つつくる地域があり、これらの地域では遺体を埋葬する墓と霊魂を祀る墓を別々につくります。遺体を埋葬する墓を「埋め墓」、霊魂を祀る墓を「詣り墓」、といい、お詣りするのは「詣り墓」だけです。亡骸に霊魂は残っていない、と考えるのです。

つまり、亡骸をどのように考えるか、これは人さまざまで、死後の世界は「無の世界」、あるいは、心身一如で、死によって、肉体が亡骸になった、と同時に、心も消えてしまうからお墓にあるのはただの物質、このように考えれば、その人たちのお墓への対応もそれなりになります。なお、死後の世界を「無」、としていたり、心身一如、と考えている人たちは魂の存在そのものを認めていないことになります。それ以外にお墓を重視しない人たちがいる、とすれば、そのほとんどが、心身は二重構造になっており、死ぬと、魂は、肉体から抜け出て、次の世で、浄土や神の国、あるいは、他界にあるか、他の個に転生しているはずだから、死後の世界を「無の世界」、と考えた人々や心身一如、と考えた人々と同じように、お墓にあるのは魂の抜け殻でただの物質、と理解しているのです。

このようにみてくると、お墓に魂ははいっていない、と理解する人々が、多い、というよりは、大半になるのですが、しかし、これらの人々がお墓参りをしないわけではありません。どの宗派のお寺さまも、台所事情がかかわっているからでしょうが、思想信条はおいといて、死者祭祀や墓参などは積極的におこなっています。心身一如を謳っている曹洞宗でさえも、内心忸怩《じくじ》たるものがありながら、かもしれませんが、死後の世界に浄土を描いて、葬儀にはもちろん、年忌法要などにもためらうことなくかかわっているのです。

まあ、それはそれとして、死後の世界を、「有の世界」、と描いても、「無の世界」、と描いても、どのみち、お墓に魂はいないようで、お墓を詣ってもらって故人が喜ぶとは思えないのですが、しかし、お墓詣りに効用がないわけではありません。それは、お墓に詣って故人を想いだすことで、詣った人の心のなかにある故人の在りし日の姿、それがより鮮明になるに違いないからです。

ちなみに、現在では、過疎地ではもちろん、都市部でも無縁墓が増えて問題になっています。子どもの数が夫婦二人で一・五人以下なのですから無縁墓が増えるのは自然の成りゆきで、私が想定しているように、心身一如で、死後の世界が、次元のない「無の世界」であれば、「自の認識」も死と同時に消えてしまうのは当然ですし、かりに、来世が、その秩序の有無はともかく、次元のある「有の世界」、と考えても、「自の認識」が身体からはなれることで変身した魂は、霊となってただよっているか、転生していることになっていて、いずれ骨に霊魂など残ってはいないのでしょうから、全員が同じ墓にはいる「共同墓」みたいな埋葬法が合理的なのではないか、と私は考えています。近年、都市部では、集合住宅にならって、お墓のマンション、とでもいえそうな集合墓が話題になっていますが、これも、スペースなどに限度があり、いずれゆきづまるに違いないからです。

しかし、お墓に霊（魂）はいない、このように考えている私ですが、その私が、お彼岸やお盆には、父母のお墓にはもちろん、二十年以上も前に旅立った飼い犬の共同墓にもお詣りにいっているのですから、理性（理屈）的思考と感情（心情）的思考とは噛み合わず、かならずしも一筋縄では解決できないのかもしれません。

5　小乗仏教では崇拝対象が釈迦如来一仏なのに、大乗仏教ではなぜ崇拝対象の仏が多いのですか

仏教を小乗仏教と大乗仏教に分けることがありますが、小乗仏教は南伝仏教（スリランカ・ミャンマー・タイ・カンボジア・ラオスなどに伝わっている仏教）と、大乗仏教は北伝仏教（中国・朝鮮・日本などに伝わっている仏教）と、そのほとんどがかさなります。

小乗仏教は、お釈迦さまの入滅後、出家者が主となって、お釈迦さまの教えを忠実に守り伝承しよう、とした仏教教団で、悟りや解脱《げだつ》（現世の苦悩から解放されること）に関しても、自己を中心としていて、他をみちびいて彼岸（悟りの境地）にともなうなどは考えません。これにたいし、大乗仏教は、お釈迦さまの教えを土地の風習や気候風土に適合するように改ざんしている仏

教教団で、悟りや解脱に関しても、出家者だけでなく、在家の信者もいっしょになって、たがいに自分の功徳《くどく》を他にも施し（回向《えこう》）、共に彼岸に向かおう、とします。このため、大乗仏教側が、心がひろい、すなわち、乗り物が大きい、として、自らの仏教を大乗仏教、と呼び、出家者を中心に、自分だけの悟りを目指している一派を、心が狭い、すなわち、乗り物が小さい、として、小乗仏教、と呼んだのです。しかし、小乗仏教、と呼ばれている側は、自分たちの心が狭いなどとは考えていませんので、当然、自分たちの仏教を、小乗仏教、と呼んではいません。ちなみに、小乗は小さな乗り物を、大乗は大きな乗り物をそれぞれ意味します。

　小乗仏教は、お釈迦さまの教えを忠実に守り伝承しよう、これを目指していますから、その崇拝対象はお釈迦さまのみです。神と仏の違いはありますが、ほとんど一神教といっていいのかもしれません。一方、大乗仏教では、役柄に応じての崇拝対象を、想定し、つくり出しましたから、如来や菩薩をはじめ、多くの尊体が存在するのです。如来だけでも、釈迦如来だけでなく、阿弥陀如来、薬師如来、大日如来、その他がありますし、菩薩ともなれば、観世音菩薩《かんぜおんぼさつ》、文殊菩薩《もんじゅぼさつ》、地蔵菩薩などなど、数えあげればきりがないくらいです。

　大乗仏教で役柄に応じての尊体がつくり出されているのは、たとえば、阿弥陀如来と薬師如来の役柄をくらべてみると、阿弥陀如来が、死者を蓮台に乗せて浄土にともなってくれる、すなわち、死後の安楽を約束してくれる仏、とされているのにたいし、薬師如来が、衆生の、寿命をのばし、諸病諸苦貧困をのぞき、安楽を保証する、このような願いをかなえてくれることで、現世《げんぜ》利益《りやく》（家内安全や病気平癒など、生きている現世での果報）をもたらしてくれる仏、とされていることでもあきらかです。

つまり、小乗仏教での崇拝対象は、お釈迦さまの教えを忠実に守ろう、としますから釈迦如来一仏なのですが、大乗仏教での崇拝対象は、目的、あるいは、役柄それぞれに応じた崇拝対象を、想定し、つくり出しましたから、多仏になってしまった、というわけです。

6　葬式仏教とはどんな仏教ですか

世にいわれる葬式仏教、これは俗称でしかなく、そのような名称の宗派は存在しません。もともとの仏教は死者祭祀（葬儀）にかかわっていませんで、現在でも、南伝仏教は死者祭祀にかかわっていませんし、日本をふくめて、北伝仏教でも、一部、死者祭祀にかかわっていない寺院もあります。しかし、現在の日本のお寺さま、そのほとんどは、宗派に関係なく葬式仏教を支持していますから、死者を、分けへだてなく、浄土に誘ってくれます。

仏教寺院が死者祭祀にかかわるようになったきっかけは、中国に渡った仏教が儒教の影響を受けたことにあるのですが、日本で本格的に庶民の葬儀に仏教寺院がかかわるようになったのは江戸時代以降になります。

ちなみに、文化庁の調べによると（文化庁宗教年鑑・平成二十九年）、日本の仏教信者は約八千七百七十万人、神道信者は約八千四百七十三万人、キリスト教系の信者が約百九十一万人で、合計すると、約一億七千四百三十四万人にもなるのだそうです。当時の日本の人口が約一億二千万人だそうですから、天理教その他、ほかにも宗教宗派はたくさんありますが、神道、仏教、キリスト教、この三つの信者だけでも日本の人口の約一・五倍になります。これは、要するに、多くの日本人が、たとえば、結婚式は神式で、葬式は仏式で、それぞれおこなうなど、あいまいな、仏教信者であり、神道信者である、ということなのです。そして、この神仏にたいする考え方のあいまいさが、日本に、葬式仏教が誕生し、定着した大きな要因にもなっているのです。

平安から鎌倉、室町時代には、六道輪廻がひろく信じられ、地獄道や餓鬼道、畜生道などにおちないように、と願っての熱心な仏教信者が多く、その恐怖の大きさは、当時、出家する目的の大きな一つに、悟りをひらいて六道輪廻から抜け出すことがあったくらいなのです。

時代が移り、江戸時代になると、それまで約百年間もつづいていた戦乱（戦国時代）もおさまり、とりあえずは平穏な世のなかになりました。そして、世間の風潮も、いくら考えてもわかるはずのない死後を心配するよりも、この世が無常（この世にかわらぬものはなく、すべてのものが常に変化し、いつかは滅びる、だから、人の命も、いつまでつづくかはわからず、儚い、ということ）であることは認めつつも、だからなおさら、生きている間はこの世を楽しもう、このようにかわってきました。庶民の多くが、この世を、「憂き世」ではなく、「浮き世」、ととらえるようになったのです。しかし、「明日はあしたの風が吹く」、「宵越しの銭は持たねえ」、などと粋がっても、そこは予測能力と空想能力の豊かな人間に生まれたのが障りになって、やはり自分の死と死後については不安であり恐怖でもありました。その不安や恐怖を解決してくれたのが浄土思考です。たしかに、浄土思考では、阿弥陀仏に帰依さえしていれば、死後は極楽浄土にいくことができる、というのですから、それは死と死後の不安を取りのぞくには非常に有用でした。しかし、その浄土信仰には、日に五回も礼拝しなければならないイスラム教ほどではないにしても、阿弥陀仏を拝んだり、お経を唱えたりしなければならない、こんな煩雑さをともないます。

　ちょうどそのころ（江戸時代）、寺請檀家制度《てらうけだんかせいど》が制定されて、武家をのぞく（当時の武士は儒教の信者が多かった）庶民は、残らず、ちかくにあるお寺に登録させられ、その管理下におかれることになりました。すなわち、庶民は、当人の信仰や意思に関係なく、全員仏教徒にさせられたのですが、それが日本人の宗教にたいする考え方のあいまいさに拍車をかけることになったのです。寺は檀那寺、そこに登録した庶民の家は檀家です。檀那寺の管理は、檀家の人が旅に出る際には檀那寺の許可が必要なほどで、檀家の人々の誕生から死にまでおよびました。そのために、それまでは出家者は出家者で、在家は在家でおこなっていた葬儀を、お寺の経済的な理由もからんでなのでしょうが、在家のものも檀那寺でおこなうようになりました。葬儀はもちろん、死者祭祀は、それを施行するお寺さまにとっては、貴重な収入源に、なっていたし、今もなっているのです。

しかし、檀那寺の僧（出家者）は、出家者の葬儀の手順はわかっていましたが、在家の葬儀についてはその経験がなく、手順がわかりませんでした。そこで考えだしたのが、出家者であれば葬儀の手順がわかりますから、まずは、在家の死者を出家させることです。出家させてしまえば、出家者の葬儀の手順でことを運べばいいからです。その仕組みについては、「Ⅱ7 戒名はなんのためにあるのですか」を参照していただきたいのですが、なにしろ、葬式仏教では、信心のはじまるのが死んでからですから、生前に神仏を信仰している必要はありませんし、日常生活もなんら制約されることがないのです。そんな葬式仏教は、この世を「浮き世」、ととらえ、浮かれ気分にひたっていて、死後、浄土にいくには阿弥陀仏に帰依して経を唱えなければならない、こんな些細な煩雑ささえも厭《いと》わしく感じるようになっていた当時の人々に喜んで受けいれられたのです。

ともかく、江戸時代以降、葬式仏教のおかげで、だれでも、死んでから出家させてもらえ、浄土にいけるのですから、人々が、生きている間は、死後のことを心配しないで、仕事や遊びに集中できるようになったのは間違いありません。

つまり、葬式仏教は、現世ではなんら拘束されず、死ぬと、ほぼ自動的に浄土に送りとどけてくれる、まことに便利な、宗教、あるいは、宗教まがいの行事なのです。

私は、日本の戦後復興も経済発展も、葬式仏教に一部その功がある、すなわち、葬式仏教は日本人の宝物的存在、と考えています。なぜなら、イスラム教のように、仕事の途中、モスクに向かって日に何回も礼拝しなければならないのでは仕事に支障が出ますし、ヒンドゥ教のように、牛肉その他、さまざまな食べものが禁じられていれば食生活も不自由なものになりますが、死んでから仏弟子にしてくれる葬式仏教があれば、生前はなんら制約されることなく、自由奔放、安心して、食事をし、仕事や余暇に集中できるからです。

一神教の信者たちは、教団の描いた架空の存在である神や死後の世界を脳裏に想いうかべ（空想）、それが、睡眠領域に移行して睡眠時思考に変身、妄想化して、それらの存在が真実である、という確信にかわっていますから、確信されたその思考は、自らはもちろん、他からも訂正ができず、場合によっては、あらぬ方向（宗教がらみの戦争など）に突っ走ってしまう危険性があります。

一方、葬式仏教に死後を託せるような、あいまいで融通《ゆうずう》無碍《むげ》な信仰心しか持っていない日本人は、旅に出ても、いく先々の神社やお寺に、そこにどんな神さまや仏さまが祀られているかの意識さえもせず、気軽にお願いごとをしているのが現状です。そして、日本人が神や仏にそのような態度で接しているかぎり、現在、世界のあちこちでみられるような宗教がらみの戦争、日本にそれが発生する可能性はほとんどないでしょうから、したがって、葬式仏教で典型的に表現されている日本人特有の「神や仏に対するおおらかな心状」、これが非常に貴重なものであるのは間違いないのです。

V

死後の世界は空想しかできない世界

先にも述べましたが、私たちが想定し得る世界を次元を軸に分類すると、秩序の確立している次元のある世界、すなわち、目覚めていての現実の世界、秩序の崩壊している次元のある世界、すなわち、眠っていての夢の世界、現実の世界と夢の世界が混ざり合った混合の世界、すなわち、目覚めと眠りの境界領域、そして、私が次元のない世界、と仮想している死後の世界に分けられます。この四つの世界のなかで、目覚めていての現実の世界と眠っていての夢の世界、そして、目覚めと眠りの境界領域、この三つは現世で、思考するに拠《よりどころ》となる既知の現象がありますので、それらの世界でのことがらは想像ができます。しかし、死後の世界は、人間の永久に知り得ない世界で、思考するに拠となる既知の現象がありませんから、私たちは、その世界でのことがらを、空想はできますが、想像はできません。なぜなら、空想は拠となる既知の現象を必要としない思考ですが、想像は拠となる既知の現象が必要な思考だからです。

つまり、死後の世界には既知の現象がまったくありませんので、私たちは、その世界の出来事やことがらを、思考の拠となる既知の現象が必要な想像はできず、それが必要のない空想ができるだけなのです。

1　人が、死を怖れ、死後の世界に不安を感じるのはなぜですか

死後の世界について、私たちは、空想はできても、想像はできません。なぜなら、そこは、既知の現象がまったくない世界、すなわち、想像するに必要な、拠《よりどころ》、となる材料がない世界だからです。

死後の世界は空想しかできないのですが、空想は自由奔放にできますから、私は、そこを次元の存在しない「無の世界」、と想定しています。一方、人々、その多くが、古《いにしえ》の昔から現在にいたるまで、死によって、自分が、今、持っている「自の認識（魂）」が消えてしまう、この想定には、なんとなくではあっても、抵抗感があり、したがって、死後の世界を、「無の世界」、とは描かず、秩序の確立した次元のある現実の世界、ないし、秩序の崩壊した次元のある夢になぞらえた世界、として描いてきました。もちろん、来世については、だれもが、知り得ない世界で、想像するに必要な拠となる既知の現象がなく、空想しかできないのですから、かりに、だれかが、死後の世界を、秩序の確立した次元のある世界、六道でいえば、人界や畜生界、と想定した、としても、あるいは、秩序の崩壊した次元のある世界、六道でいえば、地獄界や餓鬼界、修羅界、天界、と想定した、としても、その想定が一〇〇％あり得ない、とはいえないのです。

そして、死後の世界を、次元の存在しない「無の世界」、と描けばともかく、秩序の確立した

次元のある世界、すなわち、目覚めていての現実の世界、と描けば、そこには、人界もありますが、畜生界もあるわけですし、また、秩序の崩壊した次元のある世界、すなわち、夢になぞらえて描けば、そこには、天界もありますが、地獄界や餓鬼界、修羅界もあるわけです。いずれにしても、自分がいかなければならない来世がどんな世界なのかがわからないだけに、人々が、死後の自分がどのように処遇されるかに、怖れや不安を感じるのは当然なのです。

つまり、人が死を怖れるのは、「自の認識」が肉体から離脱して変身することで生まれる、と仮想した自分の魂が、死後、どんな世界にいって、どのように遇されるのかがわからないからです。

2　人が、死を怖れ、死後の世界に不安を感じるようになるのは何才ころからですか

人、として生まれれば、その多くが、小学校に入学するころには、なんとなくではあっても、死について想いをはせるようにはなるようですが、しかし、小学生時代には死を自身のことに当てはめて考えることはなく、中学生ころになってはじめて、ぼんやりと、ではあっても、死を、身近なもの、自身のもの、としてとらえるようになるのではないか、自分の過去を振りかえって、このように私は想像しています。もちろん、近親者の死を体験すれば、それをきっかけに死を身

近に感じはじめることはある、と思います。

しかし、実際には、いくつになっても、自分の死を現実のこと、としてとらえるのは難しく、伊勢物語（平安中期の歌物語、作者不詳）に、

つひに（最後には）いく　道とはかねてききしかど
　　きのふけふとは　おもはざりしを

こんな句がありますが、私はこれに加えて、次のような句をつくり、

だれもいく　道とはかねてききしかど
　　われもゆくとは　おもはざりしを

このどちらもが本当のところではないか、と考えています。

つまり、人はだれでも、理性優位型思考では自分に死がおとずれるのが現実であることを理解できているのですが、しかし、その思考に、死は他人ごとで自分が死ぬなんて考えられない、とまではいかないまでも、死ははるかな未来におとずれるもの、このような感情的思惑がはいると、自分におとずれる死を現実として受けいれるのが難しくなるのが実態なのです。

3　人間以外の動物も死に対して恐怖や不安を感じるのですか

人間以外の動物、たとえば、犬や猫が死にたいして怖れや不安を感じることはない、と思われます。なぜなら、死への恐怖や不安を感じるには、自分の死を予測する、死後の世界を想いうかべる（空想）、など、それなりの予測能力と空想能力が必要ですが、かれらのできる未来予測時間は、せいぜい十数分間、長くても一時間以内くらいでしょうし、しかも、かれらには空想能力がほとんどない、と思われるからです。

未来予測は、たとえば、フリスビーを投げてとりにいかせれば、犬は、落下地点を予測、先回りして待っていますし、猫もネズミが出てきそうな側溝の出口で待ちかまえていますから、かれらに短時間の予測能力があるのはたしかです。しかし、そんなかれらに、翌日に備えて意識しての行動ができるか、となると、それが可能とは思えませんので、可能未来予測の時間が超短時間であるのは間違いありません。たとえば、リスに、木の実を地中に埋めておく、こんな行動があり、これを冬場の食糧不足に備えてのもの、と解釈、かれらに数カ月くらいの予測能力があるのではないか、と考える人がいるかもしれませんが、しかし、これは、意識して未来を予測しているのではなく、単に、本能的な行動でしかないのです。

一方、空想は、拠となる既知の現象のない、いわば、「無」から「有」をつくり出すような思考ですが、犬や猫にその能力がどの程度あるのか、それは正確にはわかりません。しかし、先にも例示しましたが、かれらに、「お月さまをみてウサギが餅つきをしている光景」、それを空想する能力はないでしょうから、そんなかれらが、空想の産物である死後の世界、天国や地獄などを想い描けないのはあきらかです。

つまり、人間以外の動物は、可能な未来予測時間が超短時間であるために、数カ月、あるいは、数年先にある自分の死を想像できませんし、空想能力がほとんどないことで、自分の死後の世界を想い描くことができませんから、したがって、かれらには死にたいする怖れや不安はない、と考えられるのです。

なお、畜生に空想能力がないであろうことは、同じ例を使ってですが、『Ⅰ4⑴人間以外の動物の「自の認識」と「魂（霊）」』のところでも述べてあります。

4　人間が死後の世界を知ったらどうなりますか

人間が死後の世界を知ったら、地球上から人類が消えてしまいます。なぜなら、死後の世界が、素敵な楽園のようなところであれば、全員、四苦八苦の現世からただちにそちらにいってしまうでしょうし、逆に、住み心地のよくない地獄のようなところであれば、そんなところにいかなければならない子孫をつくるはずがないからです。

つまり、人類が存続するためには、死後の世界については、「知らぬが仏」でなければならないのです。

5　死後の世界はどのように想定したら正解になるのですか

死後の世界は、情報交換のできるところではありませんし、だれもいって帰ってきた人がいない、すなわち、人間が永遠に知り得ない未知の世界ですから、想定するのが人間であれば、だれがどのように想定しても、私たちはそれを正解とも不正解ともいえません。なぜなら、私たちも人間だからです。

死後の世界は、永遠なる未知の世界で、そこを思考するに、拠となる既知の現象がありませんから、私たちは、その世界を、思考に拠となる既知の現象が必要のない空想はできますが、思考に拠となる既知の現象が必要な想像はできません。しかも、私たち人間が死後の世界を描くには、『Ⅰ1⑶「自の認識」と記憶機能』に出てきた、死後の世界での「魔法のスープ」のお話が典型的なのですが、死後の世界ではあり得ないのであろう、たとえば、「鍋でスープを煮る」など、現世での現象をサンプルに、これまた、死後の世界にはぜったいに存在しないであろう、現世的思考の産物である言語を用いるしかないのです。

　人間が、永久に知り得ない、しかも、既知の現象のない死後の世界を、人間の考えだした、そこには存在しない言語を用いて、しかも、その世界ではあり得ないのであろう現世での現象をサンプルにして想い描いても、それが正解である可能性は、まずない、としかならないのです。人間の描いた死後の世界像が、真実である可能性はほとんどない、すなわち、真実である確率はかぎりなく〇％にちかい、これはたしかなのでしょうが、一方、真実である確率が〇％ともいえないのです。なぜなら、私たちは、どのように描かれた死後の世界像であっても、それを、完全には、否定する材料を持っていないからです。

　つまり、死後の世界はどのように想定したら正解になるのか、その答は、お釈迦さまがいわれたように、人間であるかぎり、真の死後の世界像を描くのはほとんど不可能、と思われますから、「死後の世界は、私たち人間がどのように想定しても正解である確率はかぎりなく〇％にちかい」、これしかありません。

　なお、ここでは、人間の考える死後の世界像はそれが真実である可能性はほとんどないのです、とし、「ほとんど」をつけましたが、それは、人間が考える死後の世界像は正解ではあり得ない、このように断定してしまうと、それも正解ではなく、あるいは、人間が考える死後の世界像のなかにも、それは何千万分の一％以下の確率でしかなくとも、正解がふくまれている可能性がなくはない、これが正解かもしれないからなのです。

まあ、どのみち、人間であるかぎり、死後の世界はどのように想い描いても、それが正解である確率はかぎりなく〇%にちかいのですから、ならば、死にたいする怖れや不安が払拭できるよう、そこを天国か極楽浄土、このように描いて、自身、その描いた世界像を信じることができれば、それが正解なのかもしれません。

Ⅵ

冥途（此岸から彼岸への旅路）

私は、来世を次元のない「無の世界」、と想定していますから、冥途が存在するとは考えていませんが、仏教が想定している冥途は、死によって此岸《しがん》（現世）を出発してから、彼岸（浄土など、悟ることで輪廻を抜け出た世界）に到着するか、六道の転生先が決まってそこに到達するまでの四十九日間の旅路です。

冥途がある、とすると、悟りをひらいて我執から離脱した人の霊（魂）は、六道輪廻から抜け出ているのですから、彼岸に向かってそこ（冥途）を旅すればいいだけなのですが、悟りをひらいていなくて、六道を輪廻する人の霊は、冥途を旅している間に、閻魔大王を、頂点、とする十人の裁判官によってその（六道）どこにいくのかが決められることになる、六道輪廻思考ではこのように想定されています。

1　冥途は存在しますか

私は、死後の世界を「無の世界」、と想定していますので、冥途が存在するとは考えていませんが、仏教では、死者が、此岸を出発し、彼岸に到着するまでか、あるいは、六道のどれかに生まれかわるまでの移動領域が想定され、その領域を、冥途、と呼んでいます。たしかに、死者のいき先ないし転生先が現実の世界か夢になぞらえて描かれた世界で、そこに到着するまでの間に領域がある、と考えることができれば、冥途もあっていいのです。

その場合、旅人（霊）が、すでに六道輪廻から抜け出ていて、冥途が単なる旅路でしかなければともかく、六道のどれかに生まれかわる場合は、途中、十人の裁判官によって、生前の所行についての尋問を受けることになっています。とすれば、旅人（霊）は、生前の記憶を失っていれば答えようがありませんから、生前の記憶をたもっていなければなりません。しかし、私の想定では、かりに、「自の認識」が、肉体からはなれ、魂となって次の世に移行し、別の個に宿ることができる、としても、「自の認識」に記憶機能がなく、したがって、それが変身した魂（霊）にも記憶機能がないはずですから、冥途を歩いている旅人（霊）は生前の記憶を失っていることになっています。それが正しければ、裁判官になにを聞かれても答えようがない旅人（霊）ですから、冥途での裁判は意味がないことになり、結局、冥途がある、としても、そこは単なる旅路でしかなくなるのです。

つまり、冥途がない、と断定はできないにしても、冥途がすでに死後の世界であれば、裁判官も相手が生前の記憶を持っていない旅人（霊）で裁きようがありませんから、冥途の存在に意味がないことになりますし、かりに、冥途を、混合か融合かはともかく、生と死の混ざり合った境界領域、と想定したいのであれば冥途は存在しないことになります。なぜなら、私たちは、目覚めと眠り、これらが混ざり合った状態（目覚めと眠りの境界領域）は想定することができるのですが、生と死が混ざり合った状態、それを想定することができないからです（「Ⅰ3⑵ 生と死の間には領域がありません」を参照してください）。私たちは、想定ができる状態はその存在を否定することも肯定することもできますが、想定ができない状態はその存在を否定するよりほかないのです。

結局、冥途は、死後の世界が「無の世界」であれば存在しないのはもちろんですが、かりに、「有の世界」であっても、存在自体が無意味であるか、存在が否定されるか、このどちらかですから、存在しない、と理解するのが合理性の高い結論になります。

2　三途の川はありますか

仏教では、死んでから彼岸にいくには、途中、奪衣婆《だつえば》と懸衣翁《けんえおう》がいて旅人の衣を奪う、とされる三途の川を渡らなければならないことになっていますが、ギリシャ神話でも、死者の国にいく途中に川があり、その川には、カロン、と呼ばれるどん欲な老人の渡し守がいて、その老人に渡し賃を払わなければならない、とされていて、設定が非常に似ています。これは、集合的無意識（語句の説明④を参照してください）のはたらきによるもので、人類が、学習や経験で修飾されるとはいえ、遺伝子によって伝えられる、言語や人種を超えた共通の先天的資質を持っていることのあらわれなのです。

三途の川は、六道を輪廻中の死者が次のいき先に向けての旅路か、悟りをひらいて六道を抜け出た死者が此岸を出発してから彼岸に到着するまでの旅路、すなわち、冥途にある川ですから、冥途の存在が否定されれば三途の川もないことになります。

そこで、冥途の存在ですが、私の想定では、来世は「無の世界」で、しかも、現世（生）と来世（死）の間に領域はない、となっていますから、冥途などあり得ませんし、かりに、冥途を生と死の境界領域、と想定しても、「Ⅵ1　冥途は存在しますか」、で述べたように、その存在は否定されます。いずれにしても、冥途の存在自体が否定的なのですが、かりに、冥途が存在し、三途の川がある、としても、生前に善行の多かった旅人（霊）は浅瀬を渡ることができ、悪行の多かった旅人（霊）は濁流を渡らなければならない、このように差別されることはありません。なぜ差別されることがないのか、それは、そもそも「自の認識」には記憶機能がないのですが、その記憶機能がない「自の認識」が肉体からはなれて変身したものが霊（魂）ですから、その霊（魂）に記憶機能があるはずもなく、冥途を歩く旅人（霊）は、すでに生前の記憶が消えていて、今さら生前での所行を問われても答えようがない、すなわち、生前になした行為の責務を負う立場にないからです。

つまり、三途の川が、ぜったいにない、とはいえないのですが、かりに、ある、としても、そこを渡るのが、もともと、生前にあったときの記憶を持っていない旅人（霊）ですから、渡り方の差別などしてみようがない、すなわち、三途の川は、かりに、ある、としても、その存在自体に意味がないのです。

3　閻魔大王はいるのですか

閻魔大王は、冥途にいて、通る旅人（霊）が、六道をめぐっているのであれば、その旅人を六道のどこにいかせるのかを決めたり、浄土か地獄にいくのであれば、そのどちらにいくのかを決める裁判官、とされています。ですから、ここでも、冥途の存在が否定されれば、閻魔大王の存在も否定されることになります。

来世を、次元のない「無の世界」、と想定（仮想）している私にとっては、冥途自体があり得ないのですから、閻魔大王の存在など論外なのですが、来世を、天国（浄土）や地獄、あるいは、六道のどれか、と描いていれば、死後、それらの世界に到達するまでの旅路、すなわち、冥途があって、そこに閻魔大王がいる、このような想定（仮想）ができなくはないのかもしれません。たとえば、死後のいき先に六道を想定している、とすれば、そこへの旅路、冥途に閻魔大王的な存在がいて、それが、旅人（霊）を、六道のどこにいかせるかを決める、このように考えても、いずれだれにもわからない世界のことですから、それがぜったいにあり得ない、とはいえないのです。

ただし、冥途を歩いている旅人（霊）、すなわち、閻魔大王に裁かれることになっている旅人（霊）が、たびたび述べているように、記憶機能を持っていないのですから、なにを聞かれても答えられるはずがなく、裁判自体が成立しないのは間違いありません。

つまり、閻魔大王も、たぶんいないのでしょうし、いた、としても役割がはたせそうにはないのですが、だれにもわからない死後の世界のことですから、ぜったいにいない、ともいえないのです。

ちなみに、その昔、高慢な僧侶は、死ぬと、成仏させるわけにはいかないが、さりとて、地獄へいかせるわけにもいかない、しかし、どこかにいかせねばならない、それで、困った閻魔大王が、仕方なしに、天狗道にやることにしたのだ、といわれていました。それを、僧侶から一般の人々にまで対象をひろげて、高慢な人を天狗になっている、と表現するようになったのだそうです。

4　通夜での線香が一本なのはなぜ

通夜では、お線香の煙を絶やしてはいけないが、その数は一本がいい、とされています。それは、此岸から彼岸に向かって長い旅をする霊（魂）、その霊がお線香の煙をその旅路の道しるべにする、と考えるからです。お線香が一本であれば、煙は一筋ですから、その煙を頼ってすすめばいいのですが、お線香が複数になると、煙も複数になることで、どちらの煙を頼ったらいいのかを、旅をしている霊（魂）が迷うのではないか、と懸念するのです。

つまり、死後、冥途の存在を認めればですが、此岸から彼岸に向かって冥途を旅する霊の道がわかりやすく一筋になるよう、通夜での線香は一本がいい、となるのです。

ただし、霊（魂）が、此岸から彼岸に向かって旅をする、お線香の煙をその旅路の道しるべにする、これらは現世にある人間の考えた架空のことがらで、それを想いうかべれば空想、さらに、その空想を確信すれば妄想におちいっていることになるのですから、このような架空のことがらを信じなければ、お線香は、あってもなくてもいいし、何本でもいいのは間違いありません。極端かもしれませんが、私は、線香など、祭祀会場の雰囲気づくりに役だっているだけ、としか考えていないのです。

5　冥途への土産にする、このようにいう人がありますが、それは可能ですか

冥途は、死者の霊魂が赴く地下の世界だそうで、そこには、三途の川や賽の河原もあるし、閻魔大王以下の裁判官による裁きもあるそうですから、すなわち、此岸から彼岸への旅路です。と

すると、冥途への土産、これは、裁判で有利に取り計らってもらうための裁判官への賄賂、ということになるのかもしれません。

問題は、冥途が存在しなければ土産など持っていけるわけがないので、それが存在するかどうかですし、さらには、土産を贈る相手、閻魔大王以下の裁判官がそこに本当にいるかどうかです。

まず、冥途があるかどうかですが、それについては、「Ⅵ1　冥途は存在しますか」で述べたように、冥途は、存在自体が無意味であるか、存在が否定されるかのどちらかです。また、閻魔大王以下の裁判官がそこにいるかどうかですが、これについても、「Ⅵ3　閻魔大王はいるのですか」で述べてあるように、それらは、たぶんいないのでしょうし、いたとしても意味がなさそう、となっています。いずれにしても、土産を持っていく冥途自体が存在しなさそうですし、贈る相手もいなさそうなのですから、「冥途への土産にする」、これは実現不可能か、持っていっても意味がない、となります。

ちなみに、賄賂を贈るなど、人間以外の動物にはあり得ない、すなわち、現世の人間社会でしか通用しない、浅ましい行為です。閻魔大王以下の裁判官が、かりに、いる、として、それらが、神的存在なのか、仏的存在なのか、私にはわかりませんが、どちらであっても、賄賂をもらって裁きに手心を加えるなどは考えられませんので、もし、冥途での裁判があるのなら、小細工などせずに、公平に裁いてもらえばいいのではないか、と私は考えます。

Ⅶ

眠りと死

古《いにしえ》の昔から、眠りと死は似ている、と考えている人が少なくありませんが、空想や回想が現実として表現される夢、その夢になぞらえて描かれているギリシャ神話でも、眠りの神と死の神は仲のよい双子の兄弟、とされています。

1　眠った状態と死んだ状態との類似性は

空想や回想が、現実、として表現される夢、その夢の世界をなぞらえて描いている、と思われるギリシャ神話での死の神タナトスと眠りの神ヒュプノスは、太古の昔、カオス（天地創造以前の混沌状態にあった世界）から誕生した偉大な夜の神ニュクス、そのニュクスから生まれた仲好しの双子の兄弟です。死の神タナトスと眠りの神ヒュプノスが、このように仲好しの双子の兄弟、とされているのは、眠りと死には共通するところが少なくない、と考えられたからに違いありません。たしかに、死を「永眠」、といいますし、亡くなった人を前にして、「昨日までは生きて眠り、今は息絶えて眠る」、このように語られるくらいですから、眠りと死が似ている、と考える人が少なくないのが現実か、と思われます。しかし、実際には、眠りと死には共通するところがそれほど多くはないのです。

たとえば、眠っている状態も死んでしまった状態も、共に、無意識、とはいわれますが、眠っていての無意識は、思考（睡眠時思考）に、思考している当人であっても、任意には、自分の意思がいれられない、ただそれだけのことですし、死んでしまっての無意識は、思考そのものが存在しない状態なのです。思考に自分の意思が任意にいれられないのと、思考そのものが存在しないのとでは、まったく状態が違いますから、無意識は無意識でも、それは眠りと死との共通項にはなりません。

　さらに、次元のあり様からみても、死後の世界を次元の存在しない「無の世界」、としている私の想定が正しければ、これら二つ（眠りと死）に共通項はあまり多くありません。

　眠りに夢はつきものですから、眠りは夢をみている状態、と考えてもいいのですが、その夢の世界は、秩序は崩壊しているにしても、次元のある「有の世界」です。夢の世界では、次元の秩序が崩壊していますから、夢主が空想や回想さえできれば、それらのすべてが、現実、として表現されます。夢では、時間を、前後させること（過去にもどることや未来を先取りすること）、延長や短縮させること、これらのすべてが自在ですから、数年前の世界にもどれるのはもちろん、すでに亡くなった人が生きている姿で出てきますし、空間も、縮小や拡大が自由ですから、外国へはもとより、月にさえも歩いていくことができます。また、夢主がそれを空想すれば、一人の人間が複数になることも、人間が動物に変身することも、これらのいずれもが簡単にできるのです。このように、夢の世界は、時間や空間の秩序が崩壊してはいるのですが、しかし、そこ（夢の世界）が、時間や空間、そして、私たちの持っている五感の対象物の存在する「有の世界」、すなわち、次元のある世界であることは間違いありません。また、眠りは、相対する目覚めとの間に、それらが混ざり合った領域、すなわち、境界領域（目覚めと眠りとの混合領域）があり、目覚めと眠り、その間の移行も双方向性です。加えて、眠っている状態では、うごきもないわけではありませんし、内的刺激や外的刺激も、感度が低くはなりますが、感受できます。

一方、私の想定（仮想）している死後の世界は、『Ｉ３⑴死後の世界は、次元の存在しない「無の世界」』などでも述べてあるように、次元そのものが存在しない「無の世界」です。「無の世界」ですから、そこには、時間も空間もありませんし、もちろん、五感自体がないのですから、当然のこと、その対象になることがらも存在しません。しかも、私の想定では、死と相対する生との間にはそれらが混ざり合った領域、すなわち、境界領域（生と死との混合領域ないし融合領域）がなく、移行も生から死への単方向性で、刹那になされ、死んだら生きかえらないことにもなっています。また、死んでしまった状態では、うごきもありませんし、刺激を感受することもありませんから、当然ですが、これらの機能をすべて失っています。

このようにみてくると、どうやら、眠り（夢）は「有の世界」、死は「無の世界」で、これら二つの世界には、次元のあり様が違うこともあってか、あまり共通しているところがなさそうなのです。

つまり、眠り（夢）の世界は、秩序は崩壊しているものの次元のある「有の世界」、死後の世界は、次元そのものがない「無の世界」、このように、これら二つは次元のあり様が違う世界ですし、眠りと死の状態をくらべてみてもその違いは大きく、眠りの神ヒュプノスと死の神タナトスを双子の兄弟、としたギリシャ神話ですが、どんなにひいき目にみても、二人の関係は又従兄妹《またいとこ》くらいがせいいっぱいではないか、と私は考えています。

ただし、自身に、夢をみていない、と誤認された眠り、そこには認識される時間や空間もないでしょうから、これは死と似ているのかもしれませんし、また、死後の世界を、多くの宗教宗派が提示しているように、天国や地獄など、夢になぞらえて描けば、まさに、死が眠っていての夢の世界にそっくり、こんなことがあり得そうには思います。

夢をみていない眠りはない、これが現実ですからちょっと難しいのですが、かりに、「夢もみないで気持ちよくぐっすり眠った」、これが本当に夢をみていなかったのであれば、心的には、死後の世界と夢もみない気持ちのよい眠りの世界、どちらも時間や空間のない「無の世界」ですから、あるいは、死後の世界が気持ちのよい眠りの世界と同じになり、死は、忌み嫌うようなものでない、と考えることができるのかもしれません。

2　臨死体験の実態は

臨死を体験した人は、死の瀬戸際までいったことはたしかでしょうが、死んだわけではありません。臨死体験現象は、世界中で報告されていて、きわめて稀、といわれるほどのものではありませんが、そのほとんどは、実態が夢であるにもかかわらず、夢と認識しなかったために、臨死体験、とされたもので、大きく、二通りに分けられます。

一つは、病が重篤《じゅうとく》になり、死の淵をさまようような状態にあるとき、自分自身が二人に分かれ、一方の自分がもう一人の自分を眺めている、このような夢をみ、その後、目覚めることができ、しかも、それを、夢、と認識せずに語ったもので、これは、幽体離脱現象、といわれます。

他の一つは、やはり、病が重篤になった状態でのことですが、お花畑のなかを歩いていると、反対側から、すでに亡くなっている祖父母や両親が現れて、「お前はまだここにくるには早すぎる、すぐにもどれ」、などといって、いく手をさえぎります。「いきたい」、「もどれ」をいい合っているうちに、気づいてみたらベッドに横たわっていた、このようなもので、これは、お花畑体験現象、といわれています。

幽体離脱現象

夢には、一人の人間が、分身の術を使って、複数になって登場してくることがそれほどめずらしくありません。夢（睡眠時思考）は、夢主が空想のできることであれば、なんでも具現化して表現しますから、たとえば、夢主が、複数になった自分を空想すれば、夢に複数の夢主が登場しても、また、複数になった自分以外の人物を空想すれば、その人物が夢に複数になって登場しても、いずれもなんの不思議もないのです。私はこれまでに六千個あまりの夢を採録していますが、そのなかには、「手術を見学するために手術室にいる私が、手術台の上で横たわっているもう一人の私自身を眺めている」、このように、私が同時に二人になって登場する夢もありましたし、「一人の女が子どもを生む前と子どもを生んでからの二人になって同時に登場している」、こんな夢もありました。

つまり、夢には一人の人間が複数になって登場することが稀ではありませんから、死に瀕した状態で（死に瀕した状態でなければ臨死体験にはなりません）、夢主が、二人に分かれ、一方の自分がもう一人の自分を眺めている、このような夢をみ、その後、目覚めることができて、その状況を、夢、と認識せずに語れば、幽体離脱現象、とされるのです。

ただし、夢主が二人に分かれ、一方の自分がもう一人の自分を眺めている、このような夢をみても、そのまま死んでしまえば話が聞けないわけで、たぶん、話の聞けないケースのほうが圧倒的に多いのであろう、とは想像されます。

お花畑体験現象

お花畑体験現象、これを体験するのは、もちろん、病が重篤な状態にあるときで、そのほとんどが、とつぜん、病んでの苦しみから解放され、いい気分になってお花畑を歩いている状況が描きだされます。

私は、今は八十才にもなった友人が体験したお花畑体験現象の話を聞いたことがあります。実際に体験したのは六十才くらいのときで、家族には、医者から、非常に危険な状態にある、と告げられるような重い病気にかかっていたときの話です。

ある日、それまでの苦しみがいっきょに解消され、非常にウキウキした気分になったら、目の前にきれいなお花畑が遠くまでひろがっていたそうです。あまりにきれいなので、もっとちかづこうと、お花畑のほうに向かって歩いていきました。すると、何年も前に亡くなっている両親が現れて、「お前はまだこっちへきてはいけない、早くもどりなさい」、と大声で叫ぶのだそうです。自分としては、どうしてもお花畑にいきたかったのですが、両親が、あまりにいっしょうけんめい、「くるな、くるな」、と叫ぶので、やむなく引き返したのだそうです。

結局、これは夢で、引き返すと同時に目覚めたのですが、そんな状況にあっても、死に想いがいかなかったわけではなく、死がこんなに気持ちのいいものなら死んでもいい、そのときはこのように考えた、といっていました。

これに類似の体験をした人はめずらしくないのかもしれませんが、その多くは夢をみながら死んでしまうのでしょうから、幽体離脱現象の場合と同じように、実際に話が聞けるケースは稀になります。

なぜ、死に瀕するような病んでの苦しい状態にありながら、こんな「いい気分」になるのか、その秘密は、脳内麻薬、といわれている物質にあるのではないか、と私は推測しています。

人の脳には、苦痛を緩和し快楽をもたらす、俗に、脳内麻薬、といわれている物質を分泌するはたらきがあります。この麻薬様物質は、苦痛が限界にたっすると、突如、分泌量が増え、苦痛を和らげ、快感をさえもたらすのです。現在では、脳内麻薬の種類は二十種以上（エンドルフィン、エンカファリンが代表的）ある、とされ、ウオーキングやジョギングなどで気分が高揚する（ウオーキング・ハイ、ジョギング・ハイ）のも、この物質に起因するのではないか、と考えられています。

常識的には、人が死ぬ際にははげしい苦痛をともなう、と推測されます。しかし、死んでしまった人の話が聞けないので定かではないのですが、実際は、病と闘っている間はともかく、病に屈してしまえば、脳内麻薬が最大限に分泌されて苦痛から解放され、むしろ、快楽をさえ覚えるようになるのではないか、そして、それと同時に、心身に安らぎがおとずれて眠りにはいるのであろう、このように私は想像しているのです。

暑さや寒さ、あるいは、疲労が耐えられる限界を超えたとき、それまで感じていた苦痛がとつぜん消えて恍惚状態になった、こんな出来事が、きわめて稀、ではないことからも、死に際しての恍惚感はあり得ない現象ではなさそうです。そして、そのような恍惚状態にあっての眠りでみる夢には、当然、それなりに和《なご》みのある状況が描出されるでしょうから、お花畑で代表されるような素敵な夢になっても不思議はありません。

人間なら、人種や地域を超え、だれでもが、人類に共通する集合的無意識を持っていて、お花畑には和みを覚えるでしょうから、舞台がお花畑になっていいのですし、祖父母や両親が、「こちらにきてはいけない」、と叫んだのは、たぶん、回復へのターニングポイント、となるなんらかの兆しが祖父母や両親の姿に変化《へんげ》（形がかわって違ったものとして現れること）して夢に現れたものと思われます。多くは、回復へのきっかけがなく、したがって、祖父母や両親が出てこなくてそのまま死んでしまうのでしょうが、これも、死んでしまった人の話が聞けませんので真相はわかりません。

つまり、私の理解では、臨死体験、とされる、お花畑体験現象、これも、当人にはその自覚はないのでしょうが、夢見によるもので、その夢内容に脳内麻薬のはたらきがかかわることで起きる現象、となるのです。

3　全身麻酔下にある状態と死んだ状態との類似性は

ここでは、眠りとは関係ありませんが、私の想定（仮想）している、死後の世界は「無の世界」、これが、正しいことを前提、として、全身麻酔下にある状態と死んだ状態の違いを考えてみます。

今では、安全性が向上しましたので、全身麻酔下での手術が多くなりました。そこで浮上するのは、全身麻酔下にあるとき、その人の心《こころ》のあり様はどのような状態にあるのか、という疑問です。その答が、全身麻酔下にあるとき、その人の心のはたらきは、「自の認識」をふくめて、そのすべてが停止していて、時間や空間や出来事、これらとも無縁になっていますから、「Ⅱ4 死後の世界にいって現世にもどってきた人はいますか」で述べた、夏目漱石が失神していたときと同じように、心的には「無の世界」にある、となるのです。

時間と無縁になっていますから、麻酔をかけられてから麻酔が醒めて目覚めるまでの時間は、それが何時間であっても、また、何日であっても、麻酔から醒めた後は、ゼロ時間、としか認識できませんし、空間や出来事とも無縁になっていますから、麻酔をかけられてから麻酔が醒めて目覚めるまでの間、その間になにが起きても、麻酔から醒めた後は、なにごともなかった、としか認識できません。これらの状態は死んだときと同じですから、すなわち、全身麻酔下にある人の心的状態と、死んだ人の心的状態は同じ、と考えて間違いなさそうなのです。

死んだとき、それと、全身麻酔をかけられたときは、「自の認識」はもちろん、心のはたらきが消え、時間や空間や出来事とも無縁になっているのですから、たしかに、心的には、死んだ状態と麻酔をかけられた状態は似ているのですが、しかし、この二つには大きな違いが一つだけあります。

それは、移行の方向が、単方向性か双方向性かの違いです。生死の場合の移行は、「有の世界（生）」から「無の世界（死）」へ、この一方向のみですが、麻酔の場合は、麻酔をかけられる、麻酔から醒める、このどちらもがありますので、「有の世界」から「無の世界」へ、「無の世界」から「有の世界」へ、このような双方向になるのです。

たしかに、麻酔をかけられたときの心的状態と死んでしまったときの心的状態にはこのような違いがありますが、しかし、その違いは、移行の方向性だけでしかありませんから、「有の世界」から「無の世界」への移行が完了した時点での心的状態は、両者同じ、このことが否定されるものではありません。

つまり、死んだ人と麻酔をかけられた人、両者共に、心的には「無の世界」にあり、「自の認識」も消えているのですから、全身麻酔下にある人は、まさに、死後の世界を疑似体験しているようなもの、となるわけです。

ここでは、死後の世界を次元のない「無の世界」、と想定して話をすすめてきましたが、全身麻酔下にある人は死後の世界を疑似体験しているようなもの、このことは、死後の世界を、次元のない「無の世界」、と想定したときばかりではなく、秩序の有無はともかく、次元のある「有の世界（現実の世界か夢になぞらえて描かれた世界）」、と想定しても同じことになります。なぜなら、次の世が次元のある「有の世界」で、かりに、死後、そこへの移行がある、としても、死と同時に、「自の認識」は、死んだ個からはなれて魂に変身、次の世の個に宿って継承されるか、山中他界や地中他界、あるいは、地獄や極楽など、他界にいって霊（魂）として存在することになるのでしょうし、「自の認識」以外の心は消えてしまうのでしょうから、死んだ個には、「自の認識」をふくめて、心そのものが残っていないわけで、それは、麻酔をかけられて、「自の認識」をふくめた心のはたらきが停止している状態と同じだからです。

Ⅷ

描いた死後の世界、そこで生じる矛盾を解決するには

ここまで死後の世界について述べてきましたが、なかには、生まれかわる個はその個の誕生時でなければならない、こんなこともありました。とすると、来世に転生するためには、来世に誕生する個がなければなりません。来世に誕生する個がある、とすれば、私の理解では、「自の認識（魂）」をふくめて、個のできる移行は、現世から来世への一方向に一回だけ、となっていますから、来世に誕生した個は現世（生）への移行ができません。しかも、客観的事実、として、誕生があれば、かならず死があるのですから、死後の世界で誕生した個は、その世界で死なければならないのです。これは、死後の世界にいる個が、さらに、死ぬ、ということですから、私たちには想定外の現象です。また、六道輪廻思考では、人界と畜生界は次元の秩序が確立している目覚めていての現実の世界、地獄界・餓鬼界・修羅界・天界は次元の秩序が崩壊している眠っていての夢になぞらえて描かれた世界、このようになりますから、来世にこれら次元のあり様の異なる世界が共在していることを容認しなければなりません。そのほか、記憶機能がないはずの冥途を旅する霊（魂）が閻魔大王に裁かれるなど、なんやかやと、宗教各派の描いている死後の世界には矛盾することがらや非合理的なことがらがたくさんあります。それらの矛盾や非合理、その多くが、『転生する主体、「自の認識」は次元の秩序が確立している現世内の人間世界だけを輪廻している』、この仮定が容認できれば、そして、そのほとんどが、『死後の世界は次元の存在しない「無の世界」』、この仮定を容認できれば解消されます。

1　転生する主体、「自の認識」が次元の秩序が確立している現世内の人間世界だけを輪廻している、とすれば

宗教宗派の想定している輪廻での転生先、その多くは、次元の秩序が確立している目覚めていての現実の世界にある人間か畜生、それと、眠っていての夢になぞらえて描かれた世界である次元の秩序が崩壊している地獄や極楽などです。したがって、たとえば、六道には、人界や畜生界など、次元の秩序が確立している世界と、地獄界や餓鬼界、修羅界、天界など、次元の秩序が崩壊している世界が共在していることになります。とすると、次元の秩序が確立している世界は現実の世界、次元の秩序が崩壊している世界は、夢になぞらえて描かれた来世、すなわち、死後の世界ですから、その間を輪廻する六道輪廻は生と死との往復を繰りかえしていることになり、個ができる現世と来世との移行は、現世から来世への一方向に一回だけ、このことにかんがみると、不合理です。また、転生する相手は、「自の認識」が備わる前でなければならず、したがって、新生児でなければなりませんから、来世、すなわち、死後の世界に転生するには、死後の世界で誕生する個が必要になり、結果、死後の世界から現世へは移行できないのですし、誕生があれば、かならず死があるのですから、死後の世界で誕生し、そこにいる個に、さらなる死が必要、という不合理が生じます。死後の世界にいる個がさらに死ぬ、この現象を私たち人間は理解がで

きないのです（「Ｉ３⑶生から死への移行は、単方向性であり、しかも、刹那です」を参照してください）。

これらの不合理、たとえば、先に述べたような、六道に次元の秩序が確立している世界と次元の秩序が崩壊している世界が共在していることの不合理や、来世で誕生する個が必要なために生まれる、死後の世界にいる個にさらなる死が必要、という不合理は、「空想の世界である地獄や極楽など、輪廻するすべての世界が、次元の秩序が確立している目覚めていての現実の人間世界」、このように想定できれば、解消されます。なぜなら、このように想定すれば、次元の秩序が確立している世界と次元の秩序が崩壊している世界が共在していることでの不合理は、次元の秩序が崩壊している世界が次元の秩序が確立している目覚めていての現実の世界に変身することで解消されますし、来世で誕生する個が必要なために生まれる不合理は、転生が現世内にかぎられ、来世には転生せず、そこ（来世）で誕生する個の必要がなくなることで、消えてしまうのです。また、畜生に転生すると、畜生には空想能力がなく、空想の産物、魂がないことで、そこで転生の輪が途切れることになるのですが、転生の相手が人間にかぎられ、畜生に転生することがなくなることで、畜生に転生することで生じる矛盾も解消されます。

問題は、転生現象がある、とした場合、転生する主体、「自の認識」が身体からはなれて変身した魂が、次元の秩序が確立している現世内の人間世界だけを輪廻できるかどうかです。それができる場合の仕組みについては「Ｉ３⑶生から死への移行は、単方向性であり、しかも、刹那です」で述べてありますが、重複して述べると、可能かどうかはともかく、個が死んで現世から来世に移行する、その際、個が現世から来世に移行する刹那、すなわち、個が生から死へ移行する直前に、「自の認識」だけが、その個の心《こころ》や肉体からはなれて魂に変身、現世にあったまま、現世で誕生する別の人間に宿るのです。とすれば、死によって、肉体や「自の認識」以外の心は死後の世界にいっても、「自の認識」だけは現世内の人間世界にとどまっていることになります。これが連続すれば、「自の認識」は、現世内の人間世界を輪廻するだけで、来世にはいかないのですから、それがつづいている間は現世にとどまっていることになるのです。ただし、それが可能であるには、現在、輪廻する、と想定されている転生先が、目覚めていての現実の世界である場合はもちろん、眠っていての夢になぞらえて描かれた世界である場合も、これらのすべてが、現世での人間世界での現象、と想定できなければなりません。それが可能かどうかを考えてみます。

　目覚めていての現実の世界に生まれかわる場合の転生先は人間か畜生で、人間に転生する場合は、現世の人間世界に転生するのですから、問題はありません。しかし、畜生に転生すると、問題が出てきます。畜生は、空想能力がなく、転生のつなぎ役、魂を持っていませんから、死んでも、次の世での転生はできません。転生のできない畜生の次の世は、自ずと「無の世界」になりますから、輪廻が途絶えてしまうのです。輪廻転生が継続するためには、畜生に転生してはいけないのですが、それは、畜生に転生するのではなく、実際は、人間世界の現象を畜生界にところを借りて表現したもので、現世にある人間に転生するのです、ということで解決することにします。夢になぞらえて描かれた世界の主たるものには、六道、浄土、神の国があります。六道の個々については、「Ⅲ9 六道とはどんな世界」で述べてあるように、畜生界をふくめて、地獄界・餓鬼界・修羅界・天界、そのどれもが、現実の人間世界に当てはまります。人間世界での現象をそれらの世界にところ借りて表現したもの、とする解釈が可能なのです。したがって、とりあえず、六道のすべてが、次元の秩序が確立している現世の人間世界、とする理解ができることにします。

仏教での浄土は、金銀サンゴで飾られ、美しい花々とその香りに充ち、妙なる音楽が流れ、暑くも寒くもありませんし、衣食住も望みどおりになる、こんなところ、とされています。これは、まあ、俗すぎるかしれませんが、人間世界の理想郷を浄土にところを借りて表現したもの、と理解しても、的はずれ、とまではいえないようです。

ユダヤ教系での神の国は、信者それぞれが、現世での現象をサンプルに、現世での言語を使って描く理想の世界ですから、これ自体は、浄土と同じように、人間世界の理想郷を神の国にところを借りて表現したもの、と理解しても、とくに違和感はありません。ただし、神の国にいくのがこの世が終わるときで、死後、ただちに、ではないところ、それと、死後の世界で、生前の姿にもどる、すなわち、生きかえる、ということに問題が残ります。

神の国にいくのがこの世が終わるとき、これは空想の域をさえも逸脱しそうな想定ですし、死後の世界で生きかえる、これは、『転生する主体、「自の認識」は次元の秩序が確立している現世内の人間世界だけを輪廻している』、という思考を受けいれても解決できそうにありませんので、この思考での解決は不可能、としておきます。つまり、この思考を容認しても、死者は、この世が終わるとき、生前の姿に復帰して神の国にいく、このことを合理的には説明できないのです。

なお、儒教の描く死後の世界、魂魄思考も、天と地とに別れた魂と魄が、来世で合体し、その生命を蘇らせる、というのですから（「X２⑶儒教の描く死後の世界」を参照してください）、ユダヤ教系での、生前の姿にもどって神の国にいく、この思考（以後、これを「神の国思考」、と呼ぶことにします）と同じように、「自の認識」は次元の秩序が確立している現世内の人間世界だけを輪廻している、この思考を受容しても解決はできません。

まあ、それは仕方がない、として、地獄界への転生は、地獄のような環境である現世、そんな環境の現世に誕生する個に転生すること、浄土への転生は、理想郷のような環境である現世、そんな環境の現世に誕生する個に転生すること、このように解釈するのです。

とすれば、ユダヤ教系の神の国思考や儒教の魂魄思考を除くその多くが、ちょっと、強引にしても、現世の人間世界での現象を六道や浄土にところを借りて表現したもの、と想定できるのですから、そのように想定し、「自の認識」は、魂と交互に変身しながら、これらの間（人間世界）を輪廻転生している、と解釈すれば、「自の認識」は来世にいくことなく、現世内の人間世界での転生を繰りかえしていることになるわけです。

つまり、六道や浄土などでの出来事、として描かれていることがらは、現世の人間世界での現象をそれらの世界にところを借りて表現したもの、と理解し、「自の認識」は現世の人間世界での転生を繰りかえしている、と想定できれば、六道輪廻をふくめて、輪廻転生思考、それによって生じる、たとえば、来世で誕生する個があることで発現するであろう、死後の世界で誕生し、その世界にいる個がさらに死ななければならない、このような不合理や、六道に、次元の秩序が確立している世界と次元の秩序が崩壊している世界が共在している、次の世では転生のできない畜生がふくまれている、このような現象による不合理も解消されるのです。

たしかに、神の国思考や魂魄《こんぱく》思考は除くにしても、輪廻するすべての世界が、次元の秩序が確立している目覚めていての人間世界、すなわち、輪廻転生は現世の人間世界での現象、このように想定できれば、宗教各派の描いている来世像の持つ矛盾や不合理のおおかたは解消されます。しかし、この想定にも、当然、いくつか問題があり、そのなかには、ユダヤ教系の宗派が提示している神の国思考や儒教の提示している魂魄思考、これらが解決できないのはもちろんですが、加えて、輪廻転生現象が人間世界に限定され、畜生が輪廻の輪のなかにはいれないことがあるのです。

ユダヤ教系の神の国現象、儒教の魂魄思考現象、これらが解決できないのは仕方がないにしても、輪廻転生現象が人間世界に限定されますから、世のなかには、人が、牛に転生する（日本霊異記）、鳥や魚に転生する（古代ギリシャでのお話）、などのお話がめずらしくありませんが、

「自の認識」は次元の秩序が確立している現世内の人間世界だけを輪廻している、この思考を受けいれると、それが不可能になるのです。このようなことがらを容認して、輪廻転生は人間世界だけでの現象、この思考を受けいれるか、神の国思考や魂魄思考による現象が解決できないから、あるいは、輪廻転生は畜生世界にまでひろがって存在しなければならないから、この思考は受けいれられない、とするかは、理屈で解決できることではなさそうですので、各自の好みで決めるしかありません。

もちろん、ここで述べられていることがらは、「自の認識」が肉体からはなれて生まれる魂が存在し、それをなかだちにしての転生現象がある、と仮想しての話です。

2　死後の世界が次元の存在しない「無の世界」であれば

詳細は、『Ⅰ3⑴　死後の世界は、次元の存在しない「無の世界」』、で述べてありますが、死後の世界は次元の存在しない「無の世界」、この思考は、すなわち、心身一如思考で、死によって、肉体の生命活動が終わると、同時に、「自の認識」をふくめて、心《こころ》は「無の世界」にはいってしまう、と考えている私の基本的な認識です。

死後の世界が「無」であれば、死と同時に、転生する主体、「自の認識」も魂になど変身せずに消えてしまうでしょうから、魂をなかだち、とする転生もあり得なくなります。

　この思考では、そもそも、転生がなく、来世が「無の世界」なのですから、転生に必須な魂も必要なくなりますし、たとえば、六道輪廻は、目覚めていての現実の世界と、眠っていての夢になぞらえて描かれた世界を輪廻すること、すなわち、現世（生）と来世（死）との往復を繰りかえすことになるのですが、このような矛盾や不合理も、当然、消えてしまいます。転生がなくなるのですから、来世に転生するために必要であった来世に誕生する個も必要がないことになり、死後の世界にいる個がさらに死ぬ、このような矛盾も解消されるのです。さらに、空想能力がないので、空想の産物、魂がない、したがって、転生ができないはずの畜生が六道にはいっていて矛盾が生じていますが、死後の世界が次元の存在しない「無の世界」であれば、転生自体があり得ないのですから、かれらが空想能力がないことで転生ができないのもなんの支障もないわけです。また、『転生する主体、「自の認識」は次元の秩序が確立している現世内の人間世界だけを輪廻している』、この思考を容認しても解決できなかった、神の国思考や魂魄思考による現象、これらも、来世が「無の世界」になるのですからそんなことがあり得なくなり、難なく解決されます。このように、死後の世界が「無」であれば、宗教各派の描いている死後の世界像、これもなくなるのですから、当然のこと、そこで生じていた矛盾や不合理のすべてが解消されるのです。

　たしかに、『死後の世界は次元の存在しない「無の世界」』、これを容認すると、死後の世界が描けなくなるのですから、人々がこれまで描いてきた死後の世界、そこで生じる矛盾や非合理のすべてが解消されるのですが、しかし、ここにも問題がないわけではありません。たとえば、死後の世界が「無の世界」、となると、冥途はもちろん、天国や地獄など、死後の世界が描けなくなることで、私が宗教であるための必要条件、としている、「死後の世界を描き、そこへの道筋を示すこと」、これが充たせなくなりますし、さらには、霊（魂）も存在しなくなり、転生現象もなくなります。とすると、宗教であるための必要条件が変わるでしょうから、宗教にたいする理解を根本的に変えなければならなくなるかもしれず、既存の宗教の存続に赤信号が点り、宗教宗派は対応に困る、と思われます。また、霊（魂）が存在しなくなり転生現象もなくなれば、死と同時に、「自の認識」も消えるわけで、それを、「自の認識」は不滅、と考えている人々は受けいれ難いかもしれません。「自の認識」の不思議に惑わされている人たちは、自分の死と共に、それ（自の認識）がこの世から消えることに納得できないのです。

　まあ、あれやこれやで、『死後の世界は次元の存在しない「無の世界」』、これが世間にひろく容認されるのは、難しい、とは想像されます。

　私も、人間は死と同時に「無の世界」にはいる、それではちょっとさびしい気もしますので、人間をふくめて、動物は、死後も、想いだしてくれる人の心のなかで、生きたままの姿である、と考えることにしているのは、「Ｉ５　故人は想いだしてくれる人の心のなかで生きている」のところで述べたとおりです。

IX

死後の世界と宇宙の外側

ここでは、戯れに、私たちが、どちらも空想しかできない、宇宙の外側と死後の世界について、ちょっとだけ考えてみたい、と思います。

1　超宇宙の大きさ

私たちの住んでいる宇宙には太陽系があり銀河系がありますが、その外側もあるはずで、宇宙の外側、それを私は、超宇宙、と呼んでいます。

本当のところ、超宇宙がどんなものかなどはわからないのですが、宇宙が空間ですから、あるいは、超宇宙も空間なのかもしれません。そして、空想ではありますが、私たちの住んでいる宇宙、この宇宙は、あるいは、バケツのような容器にはいっているのかもしれない、と私は考えているのです。銀河系の直径が十五万光年だそうですから、宇宙と超宇宙との境界が、何百万光年、ひょっとして何千万光年の彼方にあるのか、そして、超宇宙が「有の世界」なのか「無の世界」なのか、いずれもわかりませんが、たぶん、あるであろう、宇宙と超宇宙との境界、そこにあるのは、たとえば、バケツのような容器の内外で、その容器にはいっているのは私たちの住んでいる宇宙、超宇宙はその外側にあって、そして、私たちの住んでいる宇宙がはいっている容器は、超宇宙に住む私たちの想像を超えた巨大な何者かが持っているのかもしれないのです。とすれば、その巨大な何者かにとっては、地球が私たちの考える分子一個ぶんにも充たないくらいに小さく感じられ、また、人間の一生など、刹那というも愚か、というくらいに短い時間として感じられている、こんなことだってあり得ていいのです。

つまり、空想の輪をひろげてみれば、私たちの住んでいる宇宙は、想像を超えた巨大な生きもの（私たちが思いうかべる生きものとは違うかもしれませんが）からみると、バケツ様のものにはいるくらい小さい存在かもしれず、私たちの日常に起きることがらなど、死をふくめてさえも、超宇宙のスケールの大きさに比較すれば、たとえようもないくらい超些細な出来事、としか思えないのかもしれないのです。

2　超宇宙が次元のない「無の世界」であれば

死後の世界も超宇宙も、思考するに、拠《よりどころ》、となる既知の現象がありませんから、空想しかできないのですが、空想に空想をかさねて、かりに、その空想が、『超宇宙は次元の存在しない「無の世界」』、こんなところにまでひろがれば、宇宙の外側、すなわち、超宇宙と、私の想定している死後の世界が同じになります。都合のいいことに、死後の世界も超宇宙も、共に既知の現象のない世界ですから、その世界のあり様をいかに奔放に空想しても、だれもそれが一〇〇％間違いだ、とはいえないのです。

超宇宙と死後の世界、これが同じ次元のない「無の世界」であれば、死も宇宙から超宇宙への移行も、両者共に、「有の世界」から「無の世界」への移行になるわけです。このように、空想を極端に大きく飛躍させると、あるいは、死と宇宙から超宇宙への移行とは、同じ、とまではいえないにしても、類似の現象、こんなところまで仮想ができるのかもしれません。

つまり、死を宇宙から超宇宙への移行、このように仮想（空想）ができれば、死ぬことで何千万光年もはなれているのであろう超宇宙を瞬時に経験できるのですから、これはロマンです。とすると、このような壮大なロマンが味わえるかもしれない死ですから、もちろん、死に急ぐ必要はありませんが、死は、厭うものではなく、心待ちにしていてもいい存在なのかも、とさえ思えてきます。もっとも、それら（死後の世界と超宇宙）が「無の世界」であれば、そこには味わうロマンなどないかもしれませんが。

X

既存の宗教各派が描く死後の世界

ここでは、宗教宗派の描く死後の世界も「自の認識」の不思議が描かせたものですので、その一部を簡略化して述べています。

死後の世界は、情報交換のできないところで、人間だれもが知り得ない、空想しかできない世界です。しかも、人間が死後の世界を空想するには、そこにはあり得ないであろう、現世での出来事やことがらをサンプルに、現世での言語を用いなければならないのですから、その空想が正解である確率はかぎりなく〇%にちかいのです。とはいっても、宗教であることの必要条件（私の設定したものですから、異論はあるか、と思います）が、「死後の世界を描き、そこへの道筋を示すこと」ですから、既存の宗教宗派は、いずれも、死後の世界を描いています。

私たち人間の想定できる来世（死後の世界）を次元のあり様で分けると、秩序の確立した次元のある世界（目覚めていての現実の世界）、秩序の崩壊した次元のある世界（眠っていての夢になぞらえて描かれた世界）、それと、次元そのものがない世界、この三つになります。そして、次元のある世界には、時間や空間、五感の対象物がありますから、そこは「有の世界」で、次元のない世界には、時間も空間も、五感の対象物もありませんから、そこは「無の世界」です。

このように、私たち人間の想定できる来世像にはこの三つがあるのですが、しかし、宗教宗派が、想定し、提示している来世像（死後の世界）に、次元のない世界はありません。なぜ、来世を、次元のない世界、と描いている宗教宗派がないのか、それは、次元のない世界は、時間も空間も、五感の対象物もない「無の世界」ですから、そこにはなにも描けず、宗教であるための必要条件を充たすことができないからです。

したがって、宗教宗派が提示している来世像は、秩序の確立した次元のある世界（現実の世界）と、秩序の崩壊した次元のある世界（天国や地獄など）、すなわち、「有の世界」だけになります。

それはともかく、死後の世界、そこは、永遠なる未知の世界で、思考に拠となる既知の現象が必要な想像はできず、それが必要のない空想しかできないのですが、空想は、奔放で、来世が地獄界や餓鬼界、畜生界であることも想定できますから、「自の認識」の不思議に惑わされ、それは、不滅、と考えた人々が、死後、自分の「自の認識」が肉体からはなれて変身した魂がどのように遇されるのか、この不安を持つのは自然です。その不安を払拭し、現世での安心をもたらすために考えだされたのが宗教ですので、それにはどうしても死後の世界を描いてみせなければなりません。ですから、私は、「死後の世界を描き、そこへの道筋を示すこと」、これが、宗教であるための必要条件、と定義しているので、それ以外の、宗教各派の説く、道徳や哲学は、それぞれの宗派の教理を彩る装いでしかない、と考えているのです。

次元のない「無の世界」にはなにも描けませんから、宗教各派の描く死後の世界は、時間や空間があり、五感の対象物もある「有の世界」、すなわち、秩序が確立しているか崩壊しているかはともかく、次元のある世界になります。そして、来世を、秩序の確立している次元のある世界、と想定すれば、そこは目覚めていての現実の世界ですから、次の世では、「自の認識」が肉体からはなれて変身した魂（霊）が、人間に転生してあるか、畜生に転生してあるかですし、来世を、秩序の崩壊した次元のある世界、と想定すれば、そこは、空想が現実として表現される、眠っていての夢になぞらえて描かれる世界ですから、次の世では、「自の認識」が肉体からはなれて変身した魂（霊）が、天国や地獄などで、そのままの姿でただよっているか、あるいは、なにかに宿って（転生して）あることになるのです。

ちなみに、『Ｉ４　人間以外の動植物、そして、風水の「自の認識」と「魂（霊）」』のところで述べてあるように、草木や風水には、転生する主体、「自の認識」がありませんので、それらが転生することはもちろん、転生先になることもありませんが、畜生には、魂はなくても、「自の認識」がありますので、それらは、次の世に転生はできませんが、転生先になることはできます。

私たち人間が、なにかを想定し、なにかを描き得る世界は、秩序が整然としてあるか崩壊しているかはともかく、次元のある「有の世界」しかありません。宗教各派の提示している死後の世界も、いずれ、人間の考えたものでしかありませんから、次元のある「有の世界」なのですが、以下、主な宗教宗派の提示している死後の世界、それを、秩序の確立している次元のある世界、と描いている宗派と、秩序の崩壊している次元のある世界、と描いている宗派とに分けて述べてみます。ただし、たとえば、来世に六道輪廻を描いている宗派などのように、来世を、秩序の確立している次元のある世界と秩序の崩壊している次元のある世界、これらが共在している世界、このように想定している宗派もありますので、その場合、それらの宗派はそのどちらか一方にいれてあります。

また、各派の描く死後の世界には、当然、合理性を欠くところが多々あるのですが、ここは、それを、指摘するのが目的ではありませんので、いちいちは指摘せず、その多くを看過して話をすすめています。信心は、合理性はどうであれ、特定の宗派の描く死後の世界を信じることができ、しかも、それで安心が得られれば、それが正解になるのです。

1　来世を、秩序の確立している次元のある「有の世界」、と描いている宗派

秩序の確立している次元のある世界は、すなわち、目覚めていての現実の世界です。理性優位型思考では、死後の世界が次元のない「無の世界」で、死によって「自の認識」が消えてしまう、このことに矛盾を感じない、としても、『Ⅰ1⑴「自の認識」の不思議』で述べたように、「自の認識」が持つ不思議が感情を生起させ、思考が感情優位に傾くと、自分の持っている「自の認識」が死によって消滅することに納得できなくなりますので、人々の思考が、自分の「自の認識」は、死と同時に、朽ちていく肉体をはなれ、魂に変身、その魂が、次の世で、どのような姿であるかはともかく、自分の死後もありつづけるに違いない、となってしまうのです。とすれば、「自の認識」が、死によって肉体を離脱、変身した魂（霊）は、次の世で、そのままの姿でただ

よっているか、生前の肉体と合体して現世にあったときの姿が復活してあるか、あるいは、なにかに宿る、すなわち、転生してあるか、このどれかになります。生前の肉体と合体して現世にあったときの姿が復活してある場合はともかく、たとえば、我執からのがれられず、六道を輪廻しているのであれば、次の世が夢になぞらえて描かれた世界、地獄界、餓鬼界、修羅界、天界のどれかで、霊（魂）そのままの姿であることも、転生してあることも、あるいは、次の世が目覚めていての現実の世界で、人間か畜生に転生してあることもあり得るわけです。

　現世で死んで、ふたたび現世の別の人間に生まれかわる、この場合のほとんどは、「自の認識」が変身した魂も、一度、来世にいって、現世にもどってくる、と考えるのでしょうが、しかし、それには魂が現世と来世を往復しなければならず、それは、現世と来世の移行は、現世（生）から来世（死）への一方向に一回だけ、ということにかんがみると、合理性を欠くことになります。なぜなら、現世と来世（死後の世界）は往復ができるところではありませんから、現世から来世に移行したら、現世にはもどってこれないはずで、一度、来世にいった「自の認識（魂）」が現世の人間や畜生に転生しては理屈に合わなくなるからです。

　もちろん、ここは、かならずしも合理性を問う場面ではありませんが、しかし、肉体や「自の認識」以外の心《こころ》は来世にいっても、「自の認識」だけは、来世にいかずに現世を輪廻する、このように考えることができれば合理性がたかまるかもしれないのです。

　かりに、「自の認識」だけが現世を輪廻することができる、としたときの仕組みについては、

「Ⅰ3⑶ 生から死への移行は、単方向性であり、しかも、刹那です」や『Ⅷ1 転生する主体、「自の認識」が次元の秩序が確立している現世内の人間世界だけを輪廻している、とすれば』で述べてありますが、要約すると、個が現世（生）から来世（死）に移行する刹那の間に、心身のなかの「自の認識」だけが、肉体からはなれ、魂に変身、現世にあったまま、現世で誕生する別の個に宿る、そして、これの繰りかえしで、現世内での輪廻が成立する、このようになります。

それはともかく、来世を、秩序の確立している次元のある「有の世界」、と描けば、転生先は人間か畜生になるのですが、『Ⅰ4⑴ 人間以外の動物の「自の認識」と「魂（霊）」』のところで述べたように、「自の認識」は持っていても、魂を持っていない畜生は、転生先にはなり得ても、次の世での転生ができませんから、畜生に転生したら、次の世は、自ずと、「無の世界」になります。

人が、死後、ふたたび現世の人間に生まれかわるお話は、たとえば、「ジンギスカンは義経の生まれかわり」とか、「藤原道長は弘法大師空海の生まれかわり」など、たくさんありますし、人間に生まれかわるばかりではなく、古代ギリシャでは、「人は、死後、最初は陸に住む動物に、次は海に住む魚に、つづいて空を飛ぶ鳥に、と生まれかわり、三千年後にふたたび人間に生まれかわる」、このように信じられていた、という話もあります。

しかし、ジンギスカンが義経の生まれかわり、とすると、ジンギスカンの生年が一一六二年、義経の没年が一一八九年ですから、ジンギスカンは義経が生きている間に生まれているわけで、ジンギスカンが義経の「自の認識」を持っていた、とすると、死によって肉体をはなれた義経の「自の認識（魂）」が、ジンギスカンがそれまで持っていた「自の認識」をジンギスカンの体内から追いだし、とってかわったことになります。これは、ジンギスカンの「自の認識」が生きている途中で入れかわったことになり、「自の認識」が個固有の本能的なものであれば、もちろん自の認識は一人の人間の一生では継続してあるはずですから、このことからだけ考えても合理性がありませんし、さらに、「Ⅰ1⑷転生がなされるのは、転生される個の誕生時です」で述べたように、転生がなされるのは転生される個の誕生時でなければならない、これは、転生がある、とすれば客観的事実なのですが、この条件からも逸脱してしまいます。

道長の場合は、空海の没年が八三五年、道長の生年が空海が没した一〇〇年以上後の九六六年ですから、その間、魂に変身した空海の「自の認識」は、冥途をさまよいながらか、あるいは、六道のどこかをめぐりながらかはともかく、道長の誕生を待っていた、このように理解しなければつじつまが合わないことになります。ただし、この空海の「自の認識」が六道をめぐっている、という想定は、空海が、迷いの世界、六道輪廻の輪のなかにあるわけで、悟りをひらいていないことが前提になります。

また、古代ギリシャでのいい伝えは、陸海空に住む動物はすべて現世の生きものですから、「自の認識」だけが現世を輪廻する、すなわち、これは連続して現世から現世に生まれかわる、とする思考ですが、「自の認識」は持っていても魂を持っていない人間以外の動物（畜生）は、死後、転生することがないのですから、この想定はあり得ないことになります。かりに、人間以外の動物にも、空想能力があり、「自の認識」が身体からはなれることで生まれる魂がある、したがって、それらの動物も転生が可能である、と仮定すると、現世から現世への生まれかわりが可能になりますが、その場合は、陸に住む動物や海に住む魚、空を飛ぶ鳥、転生途中にあるこれらのすべてが、種はかわりながらも、同じ「自の認識」を持っている、となってしまいますし、地球上にある動物の数は人間の数よりもはるかに多いわけですから、そのなかの一部は人から人への転生の途中にある動物、ほかの大部分はそれとは関連のない動物、こんなことにもなってしまいそうです。

もちろん、来世を夢になぞらえて描いても不合理は多いのですが、現世で死んで現世の他の個に転生する、この想定にも不合理が多く、しかも、この想定では来世を夢になぞらえて描くようには奔放には描けませんので、死後の世界を、『秩序の確立している次元のある「有の世界」』、このように描いている宗教宗派はかならずしも多くはありません。

(1)　天理教の描く死後の世界

中山みきを始祖とし、天理王命《てんりおうのみこと》を親神さまとする天理教（一八三八年創立）では、肉体は魂（心）が着ている衣服のようなもの、としていますから、教団の理解が心身の二重構造思考であるのは間違いありません。しかも、人間は死にかわり生まれかわりしている存在で、親神さまが死者の魂をこの世から受けとり、天が、抱きしめた後、ふたたびこの世に返す、としているのですから、天理教は、魂が現世と来世を往復する、という、合理性を無視した思考ではありますが、生まれかわる次の世を、現世の人間世界、それも、魂が、いったん、死後の世界にいっての現世から現世への生まれかわりを想定していることになります。

ただし、親神さまが死者の魂をこの世から受けとり、天が、抱きしめた後、この世に返す、というのですが、この魂が、死者が生前に持っていた記憶をどの程度受けついでいるのかはわかりません。転生した個が、死者が生前に持っていた記憶をまったく受けついでいないのでは、現世に転生する個に死者の魂を宿らせたことの意味がありませんから、ある程度の記憶は受けついでいる、と想定されているに違いないのですが、それがどれくらいなのかはわからないのです。

現実には、生前の個にあった記憶が生まれかわった個に移行するのであれば、現世に自分の前世が何者であったのかがわかる人がいなければなりませんが、そんな人はだれもいませんし、新生児をみればわかるように、人はだれでも、記憶ゼロからのスタートになるのですから、生前の個にあった記憶が、次の世、転生する個に引きつがれる、これはありません。「生前の個の記憶が転生後の個に引きつがれることはない」、これは、転生があっても、ですが、客観的事実なのです。したがって、かりに、現世で死んで、現世の人間に転生することがある、としても、現世の個に宿るのは、それが魂であってもいいのですが、記憶機能を持っていないものであることが必須の条件になるのです。

たしかに、この条件は、生前の個と次の世の個とのつなぎ役が魂であれば、その魂の源、「自の認識」に記憶機能がなく、したがって、「自の認識」が変身した魂にも記憶機能はないはずですから、充たされます。しかし、一方、この条件を充たす、ということは、かりに、親神さまが死者の魂をこの世から受けとり、天が、抱きしめた後、この世に返す、このような現世から現世への転生があり得る、としても、それ自体、意味がなくなりそうなのですが、いかがでしょうか。

なお、現世から現世への転生、この場合、魂がいったん来世にいくのではなく、先に述べたように、個が生から死に移行する刹那の間に、「自の認識」だけが、心や肉体からはなれて魂に変身、来世にいかず、現世にあったまま、現世で誕生する別の個に宿る、このように理解すれば、いくらかではあっても合理性はたかまります。ただし、天理教では、死者の魂をいったん天が抱きしめる、というのですから、転生する前の魂は来世にいかなければならず、このように理解するのは無理になります。

(2) ヒンドゥ教の描く死後の世界

インドの民俗宗教、ヒンドゥ教の源流はバラモン教です。ヒンドゥ教は、「Ⅲ7　ヒンドゥ教徒に、不殺生主義者・菜食主義者が多いのはなぜ」で述べたように、バラモン教の死生観を受けついで六道輪廻思考をあみだしました。六道輪廻思考は、もちろん、それを仏教も継承したのですが、悟りをひらくまでは、転生しながら迷いの世界をめぐり歩いていなければならない、すなわち、ヒンドゥ教での迷いの世界は六道ですから、死にかわり生まれかわっても、そこ（六道）からのがれられない、とするものです。この六道輪廻思考は、当然、当初の目的は人々を死後の不安や恐怖から離脱させることにあったのでしょうが、六道のなかにそれら（死後の不安や恐怖）をあおる、地獄道や餓鬼道、畜生道がふくまれていたことで、結果として、逆効果になってしまったのです。

六道には、地獄道・餓鬼道・畜生道・修羅道・人道・天道、この六つの世界があります。このなかの人道と畜生道は、空想の世界ではなく、秩序の確立した次元のある世界、すなわち、現実の世界ですから、次の世の転生先が人間であれば、現世にあった人間が死んで、その人の「自の認識」が肉体からはなれて変身した魂、その魂が現世に生まれてくる別の人間に宿ることになり、これは数少ない宗教宗派しか想定していない、現世にある人から現世にある別の人への転生になります。ただし、これは、魂に変身した「自の認識」が、死後の世界にいかず、現世内で転生しているのであればいいのですが、いったん死後の世界にはいったのだ、とすると、現世と来世を往復することになりますので、合理性云々からいえば、あり得ない現象になります。

ちなみに、畜生道も、人道、と同じく、現実の世界です。しかし、たびたび述べているように、畜生は、感覚的に認識できる「自の認識」は持っていますから、転生先になることはできますが、空想の産物、魂を持っておらず、死後のいき先が「無の世界」になりますので、死んでも転生はできません。

一方、人間や畜生以外の、地獄・餓鬼・修羅・天、これらの世界に生まれかわるのは、多くの宗教宗派が想定している、秩序の崩壊した次元のある世界、すなわち、夢になぞらえて描かれた世界への転生になります。

つまり、輪廻する六道の、一部は秩序の確立した次元のある現実の世界、他の一部は秩序の崩壊した次元のある夢になぞらえて描かれた世界ですから、ヒンドゥ教が想定している来世には、秩序の確立した次元のある世界と、秩序の崩壊した次元のある世界が共在していることになるのです。

なお、六道輪廻思考は現在の仏教界の一部にもあるのですが、それについては、「X２⑵仏教の描く死後の世界」で述べることにします。

2　来世を、秩序の崩壊している次元のある「有の世界」、と描いている宗派

死後の世界が、「自の認識（魂）」が否応なく消滅する次元の存在しない「無の世界」、となると、その世界にたいする人々の抵抗感が避けられないことで受けいれることができにくくなりますし、また、死後の世界を、次元の秩序が確立している目覚めていての現実の世界、と想定しても違和感が否めません。したがって、多くの宗教宗派が、死後の世界を、秩序の崩壊している次

元のある「有の世界」、すなわち、眠っていての夢の世界になぞらえて描いています。なぜ、死後の世界を夢の世界になぞらえて描いているのか、それは、死後の世界が、即、夢の世界であるわけがなく、なぞらえなければ、それ（死後の世界）が描けないからです。

死後の世界を夢になぞらえて描くことになれば、次元はあっても、その秩序が崩壊している夢では、空想や回想さえできれば、なんでも現実として描き得ますから、時間の長短や前後、空間の広さや距離の長短、これらのいずれもが無視して表現できますし、地獄でも極楽でも、自由自在、思いどおりに表現ができてまことに都合がいいのです。

ちなみに、一般的に、アニミズム（精霊崇拝）は原始的で多神教は後進的、一方、一神教は先進的、と理解されることもあるようですが、しかし、これは誤解でしかありません。なぜなら、いずれの宗教宗派も、そのほとんどは、人々のいだく死後の不安を払拭するため、死後の世界として、死後の世界としては不合理としかいいようのない、秩序が整然としているか崩壊しているかはともかく、次元のある世界、すなわち、現世や夢になぞらえた世界を描き、また、架空の存在でしかあり得ない神仏の実在を想定しているので、それらの宗教宗派は、表現がわるいかもしれませんが、どれも「同じ穴の狢《むじな》」でしかなく、したがって、それらに先進とか後進とかがあるはずがないからです。宗教宗派のそれぞれを、原始的とか後進的、あるいは、先進的とかと区別をするのは、まさに、合理性に欠けた思考でしかないのです。

(1) 神道の描く死後の世界

神道は日本固有の民族宗教です。日本では、四季の移り変わりがはっきりしていて、自然の変化が大きく生活を左右することもあり、古《いにしえ》の昔から、人々は自分たちをとりまく事物ことごとくに霊の存在を感じとっていました。木々や花々にはもちろん、流れる水や吹く風にも霊の存在を感じとっていたのです。そのような感覚が源になって、いつとはなし、自然発生的に生まれてきた神道ですので、そのルーツは、万物に霊魂が宿っている、とするアニミズム（精霊崇拝）にあることになります。風水や木石にまで霊魂の存在を想定していたのですから、死後、肉体は朽ちはてても、「自の認識（魂）」は永遠、このように考えるのは当然で、神道でも、心身の二重構造思考を是認し、現世は肉体に魂が宿っていての生命現象があらわな世界、来世は肉体から切りはなされた魂が霊として存在する世界、このように認識されていたのです。

神道的思考では、人が死ぬと、その人の「自の認識」は、朽ちていく肉体をはなれ、魂（霊）に変身して他界にいくことになります。他界は、山中他界、地中他界、地上他界、天上他界、海中他界などなど、たくさんありますが、そのなかで神道が選んだ他界は山中他界でした。

選ばれた他界が山中他界であったのは、その昔、死後の肉体は山野に遺棄されるのが普通で（風葬）、死体が朽ちていくのは日常的に目にしていた光景ですから、いわば、自然の成りゆき、と思われます。この後すぐ紹介するように、古事記にイザナギが黄泉《よみ》の国（地中他界）にいるイザナミを迎えにいくお話がありますが、そこでのイザナミの体はウジ虫でいっぱいになっていました。これは、当時、山野に遺棄された死体の普通にみられる姿であったのです。

このお話は、当時の人々の想定していた他界が山中他界であったことから、それに合わせてつくられたものではないか、と私は考えています。

昔々、わが国では、死後の霊は地中他界、黄泉の国にいくもの、とされていました。それが山中他界にいくようになったのは、イザナギが、黄泉の国にいるイザナミを迎えにいったとき、みてはいけない、といわれていたにもかかわらず、ウジ虫だらけになっているイザナミの姿をみてしまったことにその（死後にいくのが山中他界になった）発端がある、とするのです。醜い姿をみられて怒ったイザナミは、こんな姿をみられてしまったからには殺してやる、といって、イザナギを追いかけました。ほうほうの体で逃げたイザナギは、なんとか現世にもどることができたのですが、これ以上追いかけられてはたいへん、と考え、自分が黄泉の国を出た後、そこの出入り口、黄泉比良坂《よもつひらさか》を大きな岩でふさいでしまいました。このため、それ以後に死んだ人の霊は、黄泉の国（地中他界）にいけなくなったので、いき先が山中他界になった、これが、神道での霊のいき先が山中他界になった、いわれ、とするのです。

神道的思考では、霊の行き先が山中他界ですから、人が死ぬと、朽ちていく肉体は土に返り、肉体からはなれた霊（魂）は死霊《しりょう》となって山に帰ることになっています。

弥生時代になり、農耕をはじめるようになると、当時の人々は、死によって肉体をはなれた霊（魂）は、最初は、生前に持っていた憎しみや悲しみ、そして、怨みなどがそのまま残っていてたいへん荒れた存在なのですが、徐々に生前のしがらみが取りのぞかれ、最終的には、子孫に恵みをもたらす祖先神（祖霊）になる、すなわち、荒御霊《あらみたま》から出発し、和御霊《にぎみたま》を経て、祖先神に変身していく、と考えました。そして、この祖先神が、山の神ともいわれ、子孫を守り、農耕での豊作をもたらしてくれる氏神や産土神《うぶすながみ》ともかさなるのです。このように、神道的思考では、死後、転生するのではなく、霊（魂）、そのままの姿でありつづけることになるのですが、その霊（魂）には、生前に持っていた憎しみや悲しみ、怨みなどがそのまま残っている、というのですから、死に際し肉体からはなれるのは、記憶機能を持っていない本能としてある「自の認識」ではなく、あり得ないのですが、記憶や経験などが付加され、具体化された「記憶をともなった自の認識」（『Ⅰ1⑶「自の認識」と記憶機能』を参照してください）、と理解していることになります。

ついでながら、荒御霊が祖先神になるまでの期間が三十年から五十年だそうで、現在、仏教では三十三回忌とか五十年忌がおこなわれ、「弔《とむら》い上げ」、と称して、それで個別の死者祭祀は一段落することになっていますが、本来、これは神道的思考由来の行事なのです。それにしても、荒御霊から祖先神になるまでの期間が三十年から五十年、とされていますが、これは、おおよそ、死んだ人の生前を知っている人の多くがこの世から消えてしまう長さの年月で、上手に設定したもの、と思われます。

なお、私は、故人は想いだしてくれる人の心のなかに生きている姿そのままにある、と考えることにしているのですが、とすれば、死後三十年から五十年、というこの年数は、想いだしてくれる人がそろそろいなくなりはじめる時期で、それら（神道や仏教）の思考にも、なんとなく、沿っているような気がします。

それはともかく、祖先神は、普段は山にいますが、年のはじめや春の農耕がはじまる時期、秋の収穫時期などには里に降りてきて、子孫の繁栄を眺めて楽しんだり、豊作の手助けをする、とされていますので、里の人々は、祖先神が里に降りる春には神さまのご機嫌を損ねないように歓迎の春祭りをして迎え、祖先神が山に帰る秋には感謝の秋祭りをして丁重に山に送り返したのです。

ちなみに、産土神のいわれ、それは、山にはたくさんの霊（魂）がいて、子どもが生まれてくるのは、神がそのなかの一つを妊婦となる女性に宿らせることによる、と考えられていたことにあるのです。それで、子どもを授けてくれる山の神を産土神と呼ぶようになったので、川上から流れてきた桃から生まれた「桃太郎」、竹林の竹のなかにはいっていた「かぐや姫」、川を流れるお椀の船に乗っていた「一寸法師」、これらはいずれも生まれてくる子どもの源が山であることのあらわれなのです。

ただし、理屈っぽく考えると、山にはたくさんの霊（魂）がいて、そのなかの一つが妊婦となる女性に宿って子どもが生まれてくる、となると、あるいは、現世から現世への生まれかわり、となり、死後は神になる、とする神道の想定とは矛盾することになるのかもしれませんし、また、魂がいったん来世にいったのであれば、魂が現世と来世を往復することにもなり、「自の認識（魂）」をふくめた個の移行は、現世から来世への一方向に一回だけ、という原則からもはずれることになりそうです。

まあ、ここは矛盾や合理性を問う場面ではありませんので、それはそれとして、神道では、人は、産霊《むすび》（天地万物を生みだす神霊）によって生をあたえられたのであるから、死ねば、いつの日か、かならず神の世界に帰ることになる、と信じられています。そして、神となった霊魂（祖先神）は、子孫を見守り、その繁栄のために、新たな生命を生みだす産霊の行為を助けるのです。

しかも、自殺を大罪とする宗教が多いなかで、神道では、原則として、自殺者の霊魂も、不慮の事故や犯罪の犠牲になって亡くなった人の霊魂も、共に神になることになっていました。つまり、怨みを持って死んでも、神道の死後の世界はあくまでも神の国ですから、霊魂が他に祟る、このような発想は本来の神道にはなかったのです。

ところが、いつのころからか、仏教での冥途を旅する霊（多くは、六道を輪廻しつづけるか、浄土を目指しているのですから、神や仏になることのない存在です）と、神道での神に変身する前の霊（神道での霊は、いずれ神になる存在です）、同じものでありながら（霊、それが存在するとすれば、いずれも「自の認識」が肉体からはなれて変身した魂です）違った存在になったこの二つが源になって、怨霊《おんりょう》、という概念が、自然発生的に人々の間に生まれてきました。かりに、なんらかの障りがあって神の国や浄土への道が閉ざされると、いき場所のなくなった霊（魂）が、怨霊、となって現世と来世の間（仏教では冥途になります）をさまよいつづけ、災害や病をもたらす、このように人々が考えはじめたのです。現実に、奈良時代の後半から平安時代にかけては、たとえば、早良《さわら》親王や菅原道真の怨霊など、怨霊が結構はびこっています。

　怨霊に祟られたらそれを鎮めなければなりませんが、もともと、神道は、豪族とその支配下にある人々、すなわち、集団を守るもの、とされ、仏教は、各家々の人々、すなわち、個を守るもの、とされていましたので、自然災害などをもたらす怨霊には神道がそれを神として祀ることで対応、個々に祟る怨霊には、仏教、それも、密教僧や修験者の加持祈祷で対応したのです。実際、自然災害をもたらした、とされる菅原道真の怨霊は神として祀られていますし、奈良時代から平安時代にかけて、たとえば、重病で苦しんでいた聖武《しょうむ》天皇や桓武《かんむ》天皇を病床で看病したのは、修業によって、病の因となっている怨霊、それを退散させる修法を体得《たいとく》した、とされる密教僧たちでした。身近に遺恨を残したままでの死者があって、不安を感じている人がいたとき、あるいは、病で苦しんでいる人がいたとき、呪術的修法を駆使して、それらの因、となっている怨霊、それの退散をこころみたのは仏教修行者たちだったのです。

　それでは、記憶機能を持たず、現世にあったときの怨みなど持ちつづけているはずのない怨霊が病をもたらす因にならないのはあきらかですし、加持祈祷にも効用などあるはずがないのに、なぜ、密教僧による加持祈祷が、それほど効果的とされ、重用されたのか、それは、人々が、加持祈祷は怨霊鎮めに効果がある、と考え（空想）、妄想におちいってそれを確信したからです。したがって、加持祈祷の効験、その有無も、祈祷をする密教僧が怨霊退散の修法を体得しているかどうか、もっといえば、それが偽物なのか本物なのかも関係がなく、病気になったり、災厄に遭って加持祈祷を依頼した人が、今、祈祷をしてくれている僧は怨霊退散の修法を体得した尊い人だ、このように信じるか信じないか、この一点にかかっていたのです。なぜなら、祈祷をしているのがただの素人でも、加持祈祷を受ける人が、今、祈祷をしてくれている人は高僧で祈祷にも大きな力があるのだ、このように信じれば、その祈祷にはそれなりの効果（心理的効果）があるに違いないからです。現実、加持祈祷は怨霊鎮めに効果がある、と信じている人の病の原因が、怨霊による祟りを想像（空想）し、それを想い悩んでの精神的なダメージによるものであれば、その悩みから抜け出ればいいのですから、加持祈祷そのものの内実はどうであれ、それ（加持祈祷）が効を奏していいのです。なぜなら、病が憑きものによるものかどうかに関係なく、加持祈祷をしてもらったことで心が安らげば、それなりの効果があっていいからです。

個別の病などはこのように仏教、それも密教僧や修験者の加持祈祷に効力がある、とされたのですが、一方、たとえば、菅原道真の祟りによる雷などのように、自然災害などは祟っている怨霊を神として祀ることでその終焉《しゅうえん》を願いました。実際、災害の因となった怨霊、あるいは、天皇家に祟った怨霊、これらを神として祀ることで災害や祟りがおさまった、こんな例もあったことになっているのです。しかし、これは、自然災害が長年つづくことはめったにありませんし、天皇家の災厄もそれなりの期間で決着がつくでしょうから、それら（自然災害や天皇家の災厄）も、人々が怨霊を神として祀ることを考え、それを実行したころには終焉していいので、自然の成りゆきでしかありません。

　つまり、怨霊の仕業、とされた自然災害も個別の病も、また、その怨霊を退散させる、とされた加持祈祷も、さらには、神として怨霊を祀ることも、それらは怨霊とは関連がないのに、関連がある、と想像（空想）し、それが妄想におちいって確信されただけなのです。もっとも、加持祈祷も、怨霊を神として祀ることも、病気や自然災害に対応する手段がほかになかったことで重用された、これが真相ではないか、とは想像されます。

　ちなみに、神道では、基本的に、死ねばだれでもいつかは神になる、このような思考にもとづいて死後の世界が描かれていますから、神になるのに、偉いか偉くないかや、現世でなされた善行や悪行にもほとんどこだわりません。したがって、だれでも、それが善人か悪人かを問われることさえもなく、祀ってくれる神社がつくられれば「名のある神」になれるので、たとえば、徳川家康の日光東照宮、豊臣秀吉の豊国神社、これらはともかく、清吉大明神は大泥棒の鬼坊主清吉を祀っている神社なのです。

　それはさておき、宗教の役割は、死後の不安や恐怖から人々を解きはなち、現世を安楽にくらせるようにすることです。とすれば、死後の世界に、極楽と共に地獄を描いている多くの宗教宗派とは違い、地獄を描かず、死後は神になって子孫を守る、このような来世だけを描いている神道、これこそが宗教としての本来の姿ではないか、と私は考えます。なぜなら、それを信じることができれば、死ねばいずれ神になれるのですから、死後の不安がなく、現世を安心して生きられるはずだからです。

(2)　仏教の描く死後の世界

仏教発祥の地であるにもかかわらず、現在のインドでは、国民の大半がバラモン教を源流とするヒンドゥ教の教徒です。なぜ、仏教が発祥の地インドで根づかなかったのか、それには、イスラム教徒の侵略やカースト制をバックにしてのヒンドゥ教のひろまりなど、いくつかの因があるのでしょうが、そのもっとも大きな要因は、仏教が人口の大多数をしめる農民層に浸透しなかったことにあるのではないか、といわれています。

仏教の始祖、お釈迦さまは、死後の世界など考えてもわかるものではない、といって、死後の世界を描いていません。したがって、私の設定している宗教の定義からすると、お釈迦さま時代の仏教は宗教ではなかったのです。その仏教が、お釈迦さまの没後、死後の世界として、ヒンドゥ教の持っていた、源がバラモン教にある、六道輪廻思考を取りいれて宗教に変身しました。

インド発祥の仏教は、中国に渡り、さらに、朝鮮を経由して日本に伝わりました。中国に渡った仏教にはすでに六道輪廻思考が備わったものでしたが、しかし、儒教思想が定着し、孝を重んじ、血縁や同族の命の流れを大切にする中国では、死後、畜生に生まれかわるかもしれない、とする六道思考にはなじめず、最終的に中国仏教の描いた死後の世界は、六道ではなく、「X2(3)儒教の描く死後の世界」で説明される、死によって魂《こん》と魄《はく》が天と地に別れる、という、中国に古くからあり、すでに儒教に取りいれられていた、魂魄思考でした。ではありますが、中国に渡った仏教に儒教の魂魄思考が取りいれられたのは十一世紀ころですから、六世紀に日本にはいってきた仏教は六道輪廻思考が残っていたときの中国仏教になります。

お釈迦さまの没後、仏教が六道輪廻思考を取りいれて宗教に変身したのはいいのですが、しかし、この六道輪廻思考が、人々を死後の不安や恐怖からのがれさせるための方便として考えだされたものであるにもかかわらず、はからずも、そこに地獄道や餓鬼道、畜生道、修羅道などがあることで、人々を不安におとしいれる材料になってしまったのです。

結果として人々を不安におとしいれることになってしまった六道思考、それが本邦で最盛期を迎えた平安初期、修行によって人はだれでもが成仏できる、と説く、最澄《さいちょう》（天台宗の開祖、伝教大師、七六七〜八二二）と空海《くうかい》（真言宗の開祖、弘法大師、七七四〜八三五）が現れました。とくに、空海は、草木国土悉皆成仏《そうもくこくどしっかいじょうぶつ》、さらには、即身成仏《そくしんじょうぶつ》を説いたのです。

草木国土悉皆成仏、これは、いいかえれば、草木国土悉有仏性《そうもくこくどしつうぶっしょう》で、この世に存在するすべてのもの、すなわち、畜生はもちろん、草木や岩石にいたるすべてが仏性を持っている、とするものですから、アニミズム（精霊崇拝）に近似の思考です。

空海は、「自然界にあるものはどれもが仏性を持っていて、しかも仏性を持っているものはすべてが成仏できる、したがって、道徳心を持っていない、畜生をはじめ、草木や岩石でさえもが成仏するのだから、人間が修行することで成仏できるのは当然」、と説いたのです。

余談ではありますが、空海は、道徳心のない畜生でも成仏するのだから人間が成仏できないはずがない、このように説きましたし、一般世間でも、おこないの極端にわるい人を、人間性に欠ける、人間とは思えない、そして、畜生よりも劣る、などといいますが、実際は、道徳面を比較すると、人間よりも畜生のほうがはるかに優れている、と私は考えています。なぜなら、殺生をかさね、嘘偽りをいい、ときには盗みまでもする動物は人間以外にないからです（たまには、食卓の上にある焼き魚を盗むネコ、あるいは、漁師が捕った獲物をこっそり持っていくカモメ、無断で畠の作物を食べるサルやシカもいますが）。少なくとも道徳的には、人間が畜生よりも劣るのはあきらかなので、極端に悪行をなした人間を称して、畜生よりも劣る、こんなことをいっては畜生に申し訳ないのです。

人間に生来の道徳心はない、このことは、人間に道徳心を植えつけるべく、道徳教育が存在することでもあきらかです。人間に道徳心がある、とすれば、それは、知識、と同じく、後天的なもので、生来の人間には道徳心などない、と私は考えているのです。

それはともかく、空海は、草木国土悉皆成仏の思考をさらにすすめて、密教修行によって、生きている現世でも成仏ができる、とする、即身成仏を説きました。しかし、生きていながら成仏する、それがどのようなことなのか、もちろん、私にはわかりませんが、生きることにせいいっぱいで修業などをする余裕のなかった当時の庶民にもわかりませんでした。そのため、最澄の教えもですが、空海の教えも、六道思考によって増大した死後の不安を解消するにはいたらず、庶民はより手軽で現実的な死後の救済を切実に求めるようになったのです。要するに、最澄や空海の説く、六道輪廻から抜け出すに必要な「成仏への道」は、ハードルが高すぎて多くの庶民には手がとどかなかったわけです。

　このような世情を背景に勢いを得たのが、平安末期からひろまりはじめ、鎌倉時代に成熟期を迎えた浄土思考です。鎌倉仏教と、その基本理念の一つでもある浄土思考は現在にまで大きく影響しています。

　平安時代の後期になると、奈良時代にはすでに導入されてはいたものの一般的にはひろがりのなかった浄土思考が、天台の修行をした僧源信《げんしん》（恵心《えしん》僧都、九四二〜一〇一七）によって、確立され、普及しはじめました。源信は「往生要集《おうじょうようしゅう》」を著して日本の浄土教史上に大きな足跡を残したのですが、そのなかに描かれている「八大地獄絵図」は人々の心を深くとらえました。浄土思考での死後の行き先は浄土だけか、と思われるのですが、やはり、対極を描いて人々を信心へとみちびくてだて、としたのです。この浄土思考が、鎌倉時代にはいると、法然《ほうねん》（一一三三〜一二一二）の浄土宗、親鸞《しんらん》（一一七三〜一二六二）の浄土真宗となって庶民の間に流布することになります。平安時代末期から鎌倉時代初期に活躍した法然と親鸞は、六道輪廻思考をいっきょに排除すべく、浄土思考をひろく普及させたのです。

浄土宗の開祖、法然は、念仏を唱えることが阿弥陀仏の選択した唯一の往生行《おうじょうぎょう》（成仏するために必要なおこない）であるから、南無阿弥陀仏を唱えてさえいれば、だれでもが極楽浄土に成仏できる、とする専修念仏《せんじゅねんぶつ》を説いて、浄土思考を庶民にひろめました。

浄土真宗の開祖、親鸞は、出家か在家かに関係なく、阿弥陀如来を信じるだけでだれでもが極楽浄土に成仏できる、とする、絶対他力（自分の力で成仏するのではなく、阿弥陀如来の力で、成仏し、浄土につれていってもらう）を説きました。法然の教えも親鸞の教えも、極楽浄土に成仏するのに、とくべつな修行もいらず、悟る必要もないことから、一般庶民にとっては非常に受けいれやすく、ひろく普及して現在にまでいたり、今や、日本人の多くが、帰依はしないにしても、頼りにしている葬式仏教の源になっているのです。

成仏した魂（霊）が赴く浄土は、他界の一種で、地蔵浄土やねずみ浄土など、民話にも出てくるように、いろいろありますが、仏教でもさまざまな浄土が想定されていて、如来や菩薩、それぞれがそれぞれの浄土を持つ、とされています。たとえば、阿弥陀如来の住む西方極楽浄土、薬師如来の住む東方浄瑠璃世界、釈迦如来の住む霊山《りょうぜん》浄土、観世音菩薩の住む補陀落《ふだらく》浄土、弥勒《みろく》菩薩の住む兜率《とそつ》天などなどですが、しかし、これらは、教主や名称は違っても、中身に大きな違いはなく、いずれも、理想の世界で、そこは、もちろん、現世にあるような四苦八苦もなく、まわりは、金銀サンゴで飾られ、美しい花々とその香りに充ち、妙なる音楽が流れ、暑くも寒くもありませんし、衣食住も望みどおりになる、こんなところとされています。これは、まあ、俗すぎるにしても、いずれ、極楽浄土は、地獄の対極にあって、私たち現世に住む人間が望むことがらのすべてが備わっている夢のような「有の世界」なのですから、だれもが、浄土あるいは仏国土《ぶっこくど》（宗派によって解釈が違いますが、まあ、仏の住んでいる理想郷です）の概念、そこから自由に連想して素晴らしい絵柄を描けばいいのであろう、と思います。もっとも、そんな世界に住んだら、目標など持ち得ないでしょうから、なすことがなく、ぼーっとして過ごすしかないのではないか、と不安になるのですが、これ、あるいは、私だけの杞憂《きゆう》でしょうか。

なお、浄土では衣食住が望みどおりになる、というのですから、そこに移行した魂は、魂（霊）そのままの姿であるのではなく、生前の個そのものが復活してあるのか、他に転生してあるのかはともかく、人間様の姿になってあることになります。しかし、いずれにしても、転生の源、「自の認識」に記憶機能がなく、それが変身した魂にも記憶機能がないのですから、浄土にある個は、生前の自分が何者であったのかはわからないのです。

ちなみに、先にも述べたように、仏教は、当初、死後の世界を描かず、哲学や道徳の世界にあったのですが、お釈迦さまの没後、ヒンドゥ教の描く死後の世界、六道輪廻を継承して宗教に転じたのです。その後、仏教もいくつかに分派し、現在の日本では六道思考を是認する宗派よりも浄土思考を支持する宗派のほうが多いのですが、仏教が日本にはいってきてからしばらくは、六道思考が日本の仏教界を席巻していました。もちろん、現在も、一部の仏教宗派には六道思考が残っていて、六道からのがれるには、我執からの離脱、これが基本なのですが、なかには、生への執着を断つことが六道からのがれる術《すべ》、と説いている宗派もあります。これらの宗派では、生きている間、最後の最後まで生きることに執着するために六道に転生してしまうのだから、生への執着を断ってしまえば、煩悩（人々の心身を悩ませる妄念）から離脱し、理想の境地、すなわち、涅槃《ねはん》（悟りの境地にあって転生しない世界）にはいれることになる、と説くのです。

その脳裏に六道の人道があったかどうかはともかく、日蓮宗の開祖、日蓮も、われわれの生命（魂）は、死後、浄土へいってしまうのではなく、ふたたびこの世へもどってくるのです、といっていますから、現在の仏教界では、稀、となった、現世から現世への生まれかわりを肯定しています。しかも、かれは、善因を積めばよい生命に生まれかわり、悪因を積めばわるい生命に生まれかわる、すなわち、日蓮の考える善因は法華経に帰依（心から信じ、その教えに服従すること）することですから、法華経を崇拝すれば、現世での幸福が得られるか、かりに、現世で幸福が得られなくとも、次に生まれてくるときは、かならず、豊で幸福な人間として生まれてくるのだ、といっているのです。つまり、日蓮は、人間から人間への生まれかわり、それも、現世の所行が次の世の処遇にかかわっての生まれかわりを想定していたのです。とすれば、現世の人間が死んで、ふたたび現世の人間に生まれてくる、と考えていた日蓮は、六道輪廻思考自体がそうなのですが、生前にあった記憶をたもったままでの転生を容認していたことになります。なぜなら、次の世、豊で幸福な人間に生まれかわっていれば、自分は前世で善行が多かったから今があるのだ、あるいは、過酷な境遇に生まれかわっているか畜生に生まれかわっていれば、自分は前世で悪行が多かったから今の自分があるのだ、これがわからなければそこに生まれかわったことの意味がないのですが、それがわかるには前世にあった記憶をたもって転生しなければならないからです。

しかし、生前の個の記憶を転生した次の世の個につなぐ仕組みがなく、前世にあった記憶をたもったままでの転生はあり得ない、これは、転生がある、とすれば、客観的事実ですし、生前の個は、死と同時に「自の認識」をふくむ心のすべてが消えて、どこに転生してもそれを認識できないのですから、善行の多い人も悪行の多い人も、今、現世を生きている私たちにとっては、来世、天国か地獄、あるいは、人間か畜生、どちらに生まれかわっても同じことでしかないのです。

日蓮が六道輪廻を信じていたかどうかはわかりませんが、仏教各派のなかに六道輪廻を信じている派があるとすれば、そこには、天国や地獄への生まれかわりもあるし、現世の人間への生まれかわりもあるわけですから、その宗派は、来世を、秩序の確立している次元のある世界と、秩序の崩壊している次元のある世界、これらが共在している世界、と認識していることになります。

このほか、長い歴史を持つ仏教ですから、その死生観もさまざまで、一部の仏教には、人間はもとより、この世のすべてのものが、地・水・火・風、この四つ（四大種《しだいしゅ》）の組み合わせでできている、とする発想もあります。その四大種説では、

地は、堅さにかかわるものですから、人間の体では骨とか爪

水は、湿潤と収集にかかわるものですから、人間の体では血液やリンパ液

火は、熱さと熟成にかかわるものですから、人間の体では体温保持

風は、うごきと成長にかかわるものですから、人間の体では四肢、心、胃腸

このように説明されています。

私には、たとえば、水が、なぜ、収集にかかわるのかなど、一部、理解ができないところもあるのですが、この思考では、人間の体もこれら四大種があつまってできている、としていて、人間の誕生は、これら四大種が縁によって結ばれる現象、病気は、四大不調、といって、これら四大種のバランスがくずれる現象、死は、四大分離、といって、結ばれていた四大種の縁が切れてそれらがはなればなれになる現象、とされています。ただし、死後の世界は、となると、たぶん、四大種がばらばらになってあるのだ、とは思いますが、その詳細はわかりません。

お寺の住職が亡くなったときなど、「四大分離し遷化《せんげ》いたしました」、このような死亡広告を目にすることがありますが、それは四大分離が死を意味するからなのです。

蛇足ではありますが、遷化は、この世での教化《きょうげ》（人々を仏道へと教えみちびくこと）を終えて、次の世の教化に向かう、こんな意味の言葉で、高僧が死んだ際などに使われます。

つまり、仏教が誕生してから長い年月を経ていますから、そこで描かれる死後の世界も、六道や浄土など、さまざまあるのですが、あいまいな信仰心しか持ち得ない日本人は、もっとも安易な浄土思考、さらには、「Ⅳ6　葬式仏教とはどんな仏教ですか」で述べた葬式仏教をひろく受けいれて現在にいたっているのです。

ちなみに、現在、日本人の描く死後の世界、その主流は浄土なのですが、中国ではちょっと特異な死後の世界が描かれています。

中国には、古来、死者は、幽冥界《ゆうめいかい》、と呼ばれる、暗くて冷たい地下に鬼《き》となって住んでいる、とする思考がありました。この幽冥界に住む鬼は、供養によって救われ、したがって、供養されることを喜ぶのだそうで、そのために、先祖を敬う伝統と相俟って、中国では、お墓が大切にされ、先祖祀りなども慣習的な存在となって絶えることなくつづいているのであろう、と推測されます。

それはいいのですが、死後の世界が地下にある暗くて冷たい幽冥界、これでは人々の死後にたいする不安や恐怖が倍増するような気がするのですが、そうでもないのでしょうか。

(3) 儒教の描く死後の世界

中国の儒教は孔子（紀元前五五一～四七九）を始祖としますが、お釈迦さまと同じように、孔子も死後の世界については語っていません。ですから、私の設定した宗教の定義に当てはめると、仏教と同じように、当初の儒教は、宗教ではなく、道徳と哲学の世界にあったことになります。その道徳と哲学の世界にあった儒教が、孔子の死後、中国に古くから伝わる魂魄《こんぱく》の思考を取りいれて死後の世界を描き、宗教に変身したのです。

魂魄思考の、魂は魂《たましい》、魄は骨です。魂は、その偏が雲を意味し、死後、肉体をはなれて空に昇ります。魄の偏は白骨を意味し、儒教では土葬《どそう》ですから、肉体が土中で最後には骨になることをあらわしています。そして、天と地とに別れた魂と魄は、残された遺族による祭祀の助けを借りて来世で合体し、ふたたび生命が蘇る、とされているのです。したがって、儒教の先祖祀りは、分離した魂と魄を来世でふたたび合体させ、その生命を蘇らせるための祭祀、となります。しかも、蘇った先祖は子孫を守ってくれることになっていますから、子孫繁栄と金満、長寿を表現する福禄寿（子孫繁栄・蓄財・長寿）が七福神の一角をしめているように、子孫が絶えることを怖れる中国人は、子孫繁栄のために、先祖祀りをおろそかにしないのです。

つまり、死によって天と地とに別れた魂と魄が来世でふたたび合体する、これも、心身の二重構造思考であるのはもちろん、空想が現実となって表現される夢の世界の出来事になぞらえての奇想天外な発想ですから、信じてしまえば妄想におちいったことになるのは当然です。

⑷　ユダヤ教の描く死後の世界

キリスト教もイスラム教も、その源がユダヤ教にある宗派ですから、描かれている死後の世界も天国（イスラム教では楽園、と呼びます）と地獄で、これら三つの宗派に大きな違いはありません。

ユダヤ教の描く来世は、夢になぞらえて描かれた世界、天国と地獄です。天国だけでもいいのでしょうが、教義に反したり、悪をなしたときの罰則をつくっておくと信仰にみちびきやすいので地獄をつくったもの、と想像されます。しかも、ユダヤ教の地獄は終身刑ですから、いったん地獄にいかされたら永久にのがれる術がありません。それで、ユダヤ教の信者は教義を忠実に守ろう、とするのです。

ユダヤ教の提示している天国は、キリスト教も同じですが、「神の支配する国」、としているだけで、その世界を視覚的には描いていません。視覚的に描いてはいませんが、神の支配する国、とされているのですから、信者それぞれは、そこを、住心地のいい楽園的な世界、と想い描いているはずで、とすれば、それは、空想の産物ですから、夢の世界になぞらえての「有の世界」であるのは間違いありません。

ユダヤ教では、人は、死ぬと神の裁きを受け、生前に、神ヤハウェを信じ、善をなしたものは天国に、神を信じず、悪をなしたものは地獄にいくことになっています。これは生前の所行によってのみ決められますから、もちろん、日本の仏教にあるような追善供養的な思考はありません。生前に、宗派のかかげる神を信じ、善をなしたものは天国に、宗派のかかげる神を信じず、悪をなしたものは地獄に、このように振り分けられますが、これは、どの宗派でも違いはなく、宗教宗派全般に共通している定まり事です。

ユダヤ教でも、もちろん、神ヤハウェを信じ、律法（旧約聖書）を守り、正しいおこないをなしていた人だけが天国にいけるのですから、天国いきを望んでいるのであれば、神の存在に合理性がなく、また、定められた律法の内容がどんなに理不尽なものであっても、それに疑問などいだかず、神に帰依し、律法に書かれている内容に反しないように生きるほかはありません。

つまり、ユダヤ教の死後の世界は天国と地獄ではありますが、そのあり様が具体的に描かれていませんから、各自が、神ヤハウェの意に沿っている、と考える世界を想像して描けばいいのではないか、と思われます。

なお、宗教には、インドのヒンドゥ教や日本の神道などのように、特定の地域や民族に限定された民族宗教と、キリスト教やイスラム教、仏教などのように、地域や民族を超えて流布している世界宗教がありますが、ユダヤ教は、ユダヤ民族に限定された宗教ですので、民族宗教になります。

(5)　キリスト教の描く死後の世界

キリスト教の描く来世も天国と地獄です。キリスト教では、いつの日かこの世が終わるとき、キリストが、ふたたび地上に現れて、すべての死者に最後の審判をくだすことになっています。その際、死者の肉体は復活させられ、霊魂と肉体が合体したところで審判がなされます。なぜ、最後の審判の際に肉体が復活させられるのか、それは、生前の所行が霊魂と肉体の共同作業によるもので、肉体も裁きの対象にしなければならないからです。当然ですが、生前、宗派のかかげる神を信じ、善をなしたものは天国に、神を信じず、悪をなしたものは地獄にいくことになります。キリスト教では、原則として、キリストによって、一度、地獄いきの決定がくだされると、永久にそこから抜け出ることができない仕組みになっています。

ただし、キリスト教でも、新教（プロテスタント、十六世紀、ルターらによる宗教改革で誕生した教団）での来世は、ユダヤ教と同じく、天国と地獄しかなく、地獄いきは終身刑ですが、旧教（カトリック）では、天国と地獄との間に有期刑としての煉獄がつくられています。煉獄は、穢れのある霊を、天国にいけるように、火によって浄化するところだそうです。煉獄にいなければならない期間がどれくらいなのか、私にはわかりませんが、仏教では、六道の地獄にいなければならない期間が、有期刑でありながら、最短で一兆六千億年、とされていますから、たぶん、煉獄にいなければならない期間も、それなりに長期間の設定になっているもの、と想像されます。しかし、それがいかに長年月であっても、なにしろ、想定されているのが、夢、と同じく、次元はあってもその秩序が崩壊している世界でのことで、時間の長短にも秩序がありませんから、そのような世界での何兆億年と、秩序の確立している次元のある現実世界での一秒は、どちらが長いとも短いともいえないのです。

キリスト教も、ユダヤ教と同じく、天国を、「神の支配する国」、と位置づけているだけで、視覚的には描いていません。ここでも、具体的には表現できない、としているのです。

つまり、キリスト教の死後の世界、天国と地獄も、ユダヤ教と同じように、各自が、神の意に沿っている、と考える世界を想像して描けばいいのではないか、と思われます。

ちなみに、天国や地獄にいった死者は、「自の認識」が肉体からはなれて変身した魂が、そのまま、霊、としてある場合と、何ものかに転生してある場合がある、と思われるのですが、ユダヤ教系の宗派（ユダヤ教・キリスト教・イスラム教）では、それらとはちょっと違うようです。なぜなら、それらの宗派では共通の終末論的世界観を持っており、それには、「この世が終わるとき、死者の肉体は復活させられ、霊魂と肉体が合体したところで審判がなされます」、となっていて、審判を受けるときは、生前の姿がそのまま復活してあることになっているからです。要するに、最後の審判の日まで、霊と肉体がはなればなれになってあっても、審判の日がくると、霊魂と肉体が合体して生前の姿が復活、しかも、たぶん、その姿のままで、天国ないし地獄にいくことになるのです。

　このように、ユダヤ教やキリスト教、そして、イスラム教、これらの宗派では、死者の生前の姿がそのまま、来世である天国（神の支配する国）や地獄に復活してあるようで、これは、すなわち、死後の世界で生きかえる、ということになるのでしょうが、あるいは、六道の天国や地獄、また、仏教の浄土でも、霊、としてあったり、何ものかに転生してある場合と生きかえってある場合が仮想されているのかもしれません。ただし、「死後の世界で生きかえる」、これが具体的にどのような状態になるのか、私には、イメージができず、したがって、説明することはできません。

(6)　イスラム教の描く死後の世界

イスラム教は、預言者ムハンマドが、神の声、コーランを聞いて、人間のご都合主義が優先してしまったキリスト教のあり方に反発し、そのあり方をふたたびユダヤ教の原点にもどそう、と考えて、七世紀ころに誕生させた教団で、神はアッラー、始祖はムハンマド、律法はコーランになります。イスラム教の描く天国もユダヤ教やキリスト教の描く天国と同じようなものなのでしょうが、イスラム教では、天国を、楽園、と呼んで具体的に表現していますので、視覚的には描けない、としているユダヤ教やキリスト教の描く天国とは、若干、違いがあります。具体的に表現しているのは、あるいは、だれでもが理解ができるように、と考えてのことかもしれません。

　楽園は、なにやら、現世での理想郷を模して描かれているようで、そこに住む人々は黄金の腕輪と真珠で身を飾られ、肉や果物がふんだんにありますし、現世では、不浄な行為、として禁じられている飲酒ですが、なぜか、汲めども汲めども尽きない酔い心地さわやかな酒がわき出ています。さらに、楽園で過ごす男性には処女である妻もあたえられるのだそうですから、どうやら、イスラム教での楽園は、男性優位社会のようです。一方、地獄、そこは深い穴のなかにあって、そこにおちた人々は猛火や毒蛇などに永遠にさいなまれるのです。

　イスラム教でも、キリスト教と同じく、最後の審判の日に死者の肉体が復活させられ、霊魂と肉体が合体したところで神アッラーによって最後の審判がくだされます。ですから、キリスト教もですが、イスラム教でも火葬にすることはありません（キリスト教では、墓地の確保が難しいことや衛生面などが考慮され、最近は火葬も取りいれられていますが、イスラム教ではより厳格なようです）。当然、神アッラーを信じず、生前に悪をなしたものは地獄にいくのですが、ここでは、かならずしも地獄にいくのではなく、キリスト教の旧教（カトリック）と同じく、有期刑としての煉獄も用意されています。煉獄にいれられたものは、犯した罪にたいし、一定期間、贖罪《しょくざい》をし、預言者ムハンマドの取りなしがあれば天国に移ることができるのです。ただし、キリスト教での煉獄も同じですが、イスラム教で設定されている煉獄も、そこにいなければならない期間がどれくらいかは、かならずしも決まってはいないようです。もっとも、その期間がいかに長く設定されていた、としても、次元の秩序が崩壊している夢になぞらえて描かれている世界でのものですから、秩序の確立している次元のある現実世界の時間とは比較ができないわけで、まあ、長い期間の設定、その年数に意味があるとすれば、現世にある信者たちにあたえるインパクトだけでしかないのは間違いありません。

　つまり、イスラム教の描く来世像は、具体的に描かれてはいるにしても、それが、秩序の崩壊した夢になぞらえて描かれた世界、すなわち、空想の産物であることに違いはなく、合理性の有無を問う対象ではないのです。

3　来世を、次元のない「無の世界」、と描いている宗派

死後の世界を次元のない「無の世界」、このように想定している宗教宗派はありません。なぜ

なら、そのように想定すると、死後の世界を描くこと、それ自体ができなくなり、私の提示しているものでしかありませんが、宗教であるための必要条件、「死後の世界を描き、そこへの道筋を示すこと」、これを充たすことができなくなるからです。

おわりに

宗教宗派の描いている死後の世界、それの持つあらゆる不合理を解消できるのが、死後の世界を『次元のない「無の世界」』、と想定することです。私の想い描いている来世も次元のない「無の世界」ですから、転生がある、とすれば、その主体となるのであろう「自の認識」も死と同時に消えてしまうことになります。つまり、私は、転生などあり得ない、と理解しているのです。

しかし、それではさびしいので、私は、死んだ後も想いだしてくれる人がいれば、人間はもちろん、ペットなども、その人の心のなかに、生きていたそのままの姿である、と考えることにしています。

とすれば、来世が「無の世界」であっても、そちらのほうが楽よりも苦のほうが多い現世よりは住みいいかもしれませんし、さらには、死んでもただちにこの世から消えるのではなく、想いだしてくれる人の心のなかに現世での姿そのままにあることになりますから、これらを容認できれば、死後の世界にいって母親に会えないのは残念にしても、ちょっとだけかもしれませんが、来世への旅立ちが安らかになりそうな気がしないでもありません。

さらに、空想であっても、死は宇宙から超宇宙へ移行するのと、同じ、とはいえないまでも、類似の現象、と考えることができれば、死ねば、何千万光年の彼方にあるのかもしれない超宇宙を体験でき、ことによれば、壮大なロマンが味わえることになりますので、死はそれほど厭うものではないのかもしれないのです。

いずれにしても、死後の世界は人間の永久に知り得ない世界で、宗教各派が提示している来世像も、現世にあるか現世にあった人間が、来世にはあり得ない、現世での現象をサンプルに、現世での言語を用いて、空想で描いたものでしかありませんから、それにこだわる必要はまったくないので、各自が、心に安らぎをもたらしてくれ、しかも、信じることができる来世像を自由に描けばいい、これだけは間違いなさそうです。

最後までお読みくださったことに深謝いたします。ありがとうございました。

小著出版にあたりまして、校正その他で多大なご支援とご指導をいただきました風詠社社長大杉剛氏に深く感謝いたします。

語句の説明（あいうえお順）

ここでは、①我執　②現世的思考　③四苦八苦　④集合的無意識　⑤想像と空想　⑥追善供養　⑦妄想とせん妄　⑧理性優位型思考と感情優位型思考、これらについての私の理解を説明しています。

①我執

本来実体のない自我（心）に恒常・不変の実体がある、と錯覚して執着するのが我執《がしゅう》で、六道から抜け出すにはこの執着から脱却しなければならない、とされています。

ちなみに、我執と対をなすものに法執《ほっしゅう》があります。これは、事物、それらすべての存在に、恒常、不変の実体がある、と錯覚してそれに執着することです。自我もふくめて、この世にあるすべての存在は、時々刻々と変化していて、次の瞬間には今あるそのままの姿では存在しない、すなわち、今ある姿は「実」ではなく「虚」なのだ、と仏教では考えるのです。

②現世的思考

私は、現世にあった人、あるいは、現世にある人、これらの人たちの思考を現世的思考、と呼んでいます。典型的な現世的思考は、この星には、水があるから、あるいは、温度が何度以内であるから生物がいるかもしれないとか、あの星には、水がないから、あるいは、温度が何千度にもなるから生物がいるはずがない、このような思考ですが、かりに、思考の幅を、水がなくても、あるいは、温度が何千度になっても、それに対応できる生物がいるかもしれない、ここまでひろげても現世的思考の枠内にはいります。なぜなら、温度や水、これらは現世での既知のことがらだからです。要するに、来世ではあり得ないであろう、現世での現象をサンプルにして、現世での言語を用いての思考は、どんなに幅をひろげても、現世的思考の枠内にしかないのです。

では、来世的思考があるのか、あるとすればどんな思考なのか、となりますが、しかし、私たちには、来世を考えるに必要な既知のことがらがありませんので、その、性状はもちろん、有無さえもわからないのです。

③四苦八苦

四苦＝生病老死《しょうびょうろうし》：生まれ、病み、老い、そして、死なねばならない苦

八苦＝四苦に次の四苦を加えた苦

　愛別離苦《あいべつりく》：愛する人ともかならず別れなければならない苦

　怨憎会苦《おんぞうえく》：怨んだり憎んだりしている人にもかならず出会わなければならない苦

　求不得苦《ぐふとくく》：求めるものが得られないときに生じる苦

　五陰盛苦《ごおんじょうく》：五感をふくめた人間機能のすべて、これが五陰ですから、五陰盛苦は、それ

らの機能が健全であるが故に生まれる欲求、それを充たすことができないときに生じる苦です。たとえば、お腹が空いて食べたいのに食べるものがないときの苦、これは消化器官が健全だからですし、異性と出会いたいのにその機会がないことの苦、これは生殖器官が健全だから生じるものです。このように理解すると、五陰盛苦と求不得苦とはかさなりがあるようにも思われます。

④集合的無意識

これは、スイスの精神科医で分析心理学者、カール・グスタフ・ユングの提唱した概念で、人は、世界中どこに住んでいても、また、人種が異なっていても、人としての共通する資質や思考、感情を潜在的に持っている、とするものです。たとえば、人間であればだれでも、暗闇には恐怖を、星空には神秘を感じますが、これが人類が共通して持っている集合的無意識なのです。集合的無意識は、たとえば、どこの国の蚕も同じような形の繭をつくり、どこの国の蜘蛛も同じような形の巣をつくるように、人間以外の動物種にも存在する現象です。

⑤想像と空想

私は、一般的な解釈とにちょっとずれがあるかもしれませんが、想像は拠《よりどころ》となる既知の現象の必要な思考で、空想は拠となる既知の現象の不要な思考、このように理解しています。現世については、私たちが実際に経験している世界で、知っていることがらがたくさんある、すなわち、そこを思考するに、拠となる既知の現象がありますから、私たちは想像ができます。しかし、来世については、既知のことがらがない、すなわち、そこを思考するに、拠となる既知の現象がありませんから、想像はできず、私たちができるのは空想だけです。想像は拠となる既知の現象のある思考ですから、それが真実であったり、真実になったりすることがあっていいのですが、空想は拠となる既知の現象のない思考ですから、それが真実であったり、真実になったりすることはほとんどないのです。

⑥追善供養

追善供養は、残された親族が、死者にかわって善をなし、死者が、生前になした悪を帳消しにして、よりよいところに転生するように、と願っておこなう祭祀です。もともとは、死後の四十九日間、死者が冥途にあって、そのいき先（六道のどこにいくかなど）を決める裁判がひらかれる七日目ごとにおこなわれていたのですが、今では、一周忌や三回忌など、死者のいき先が決まった後にもおこなわれるようになりました。あるいは、祭祀の多いほうが都合のいいお寺さまの考えついたことかもしれません。

なお、死者の生前になした悪を帳消しにして、死者がよりよいところに転生するように、このような目的でなされる追善供養は、日本仏教独特のもので、一神教にはもとより、日本以外の仏教にもありません。

⑦妄想とせん妄

私たちの思考には、顕在思考と潜在思考があります。顕在思考は、活性化していて、脳裏に像が描かれています。もちろん、覚醒時思考も睡眠時思考も、脳裏に像が描かれますから、顕在思考です。一方、潜在思考は、活性化されていませんから、像は描かれておらず、出番を待って脳裏に潜んでいる思考で、その数は、顕在思考とは違い、数多になります。

私は、妄想もせん妄も、覚醒時思考と睡眠時思考が顕在思考として脳裏に共在することで発症する、と理解していますので、その仕組みについて説明しておきます。

妄想のほとんどは、目覚めていて、脳裏に空想や回想が描かれている状態からスタートします。空想は、現実にはほとんどあり得ないことがら、あるいは、ほとんど起こり得ないことがらを想いうかべる思考、回想は過ぎ去った過去を想いうかべる思考で、いずれも覚醒時思考です。妄想は、脳裏に空想や回想を想い描いている途中、それまで潜在していた思考の一つが、活性化、顕在思考となって脳裏に像が描かれたにもかかわらず（覚醒時思考）、それと同時に潜在化しなければならない、それまで脳裏に描かれていた空想や回想が、潜在化せずに、睡眠領域に移行、睡眠時思考として脳裏に顕在思考のままに残っている、すなわち、目覚めていながら、脳裏に覚醒時思考と睡眠時思考が共在している状態です。つまり、妄想状態にあるときは、目覚めていながら、潜在思考の一つが活性化して変身した覚醒時思考と、覚醒時思考であった空想や回想が睡眠領域に移行して変身した睡眠時思考が、脳裏に同時に描かれているのです。

妄想におちいると、私たちの理解がおよばない言動が現れるのですが、それは、その言動の源が次元はあってもその秩序が崩壊している睡眠時思考にあるからです。

たとえば、お年よりの話を聞いていると、ときに、海をへだてた遠いところに簡単にいってきたように話すことがありますが、それは覚醒時思考であった空想が睡眠時思考に変身して妄想化したものでしょうし、また、ときには、お年よりが出勤するような行動を示すことがありますが、それは、会社勤め時代を想いだしていての覚醒時思考であった回想が、睡眠時思考に変身して妄想化したことによる行動なのです。

ただし、妄想は、覚醒時思考と睡眠時思考が脳裏に共在している状態で、思考全体が睡眠時思考になっているのではありませんから、妄想時の言動のすべてが現実とかけはなれるわけではありません。ですから、受け答えや行動も、すべてが異常というのではなく、部分的には覚醒時思考による正しい反応と正しい行動が可能です。

せん妄は、妄想とは逆に、眠っている状態から出発します。眠って夢をみている状態から、心のはたらきが強まって目覚め、それまで潜在していた思考の一つが、活性化、顕在思考となって脳裏に描かれたにもかかわらず（覚醒時思考）、それと同時に潜在化しなければならない睡眠時思考（夢思考）が、潜在化せずにそのまま睡眠時思考として脳裏に残った状態がせん妄で、これも、妄想と同じく、目覚めていながら、脳裏に覚醒時思考と睡眠時思考が共在している状態です。つまり、せん妄も、妄想と同じく、目覚めていながら、思考の一部が睡眠時思考なのです。

たとえば、お年よりが、眠りから目覚めた後、すでに成人した自分の子どもがまだ赤ちゃんであったりするような、自分の若かりしころの出来事をあたかも現実のように話したりすることがありますが、これは、昔を夢にみていて、目覚めてからもその夢から覚めずに夢を現実と誤認しているのです。

もちろん、せん妄状態にあっても、思考のすべてが睡眠時思考ではなく、脳裏には覚醒時思考も存在するわけですから、一部、会話は成立しますし、呼びかけにも正しく反応することがあります。この成立している会話の部分や正しく反応できている部分は覚醒時思考によるものです。

なお、妄想もせん妄も脳裏に覚醒時思考と睡眠時思考が同時に描かれるのですが、睡眠時思考部分には当人といえども任意には意思がいれられませんから、それ（睡眠時思考部分）を、他からはもちろん、自らも任意には修正することはできません。

ちなみに、ここで述べた、妄想とせん妄の成り立ちの仕組み、これは私の独断的な理解によるものですが、前著、『死後の世界（ＫＫ22世紀アート）』で述べた仕組みとは、若干、変わってきておりますので、詳細は、小著、『お年よりの妄想とせん妄（風詠社）』をご参照いただければ、と思います。

⑧理性優位型思考と感情優位型思考

感情がほとんど介入せず、理路整然とした思考を理性優位型思考、理性の、一部、ないし、多くの部分が排除され、排除された部分を感情で補填している思考、それを感情優位型思考、このように私は呼んでいます。もちろん、その程度はともかく、感情のはいらない思考はありませんでしょうから、だれの思考も、理性優位に傾いたり、感情優位に傾いたりと、ゆれうごいているのが現実です。

ちなみに、どちらかというと、男性は理性優位型思考が多いのにたいし、女性は感情優位型思考が多くなりがちなのが一般的です。

なぜ、女性の思考が感情優位型思考になりやすいのか、それは、女性の感情が豊であること、それと、女性は神経の伝達速度が遅いこと（これは、たぶん、立証はされていない、と思いますが、私が日常的に感じている現象です）、この二つに原因があるのではないか、と私は考えています。女性は、神経の伝達速度が遅く、つれて、思考の進行にも時間がかかるのですが、その遅さに気持ちがついていけず、結論への到達を早めるために思考過程の一部を省略、その省略部分をもともと豊に持っている感情で補填する、その結果、理性的、というよりは、感情的な思考になりやすい、このように私は推測しているのです。

自著以外では、左記の文献その他を参考にさせていただきました。ありがとうございました

＊一休　稲垣　真美　成美堂出版
＊いま知っておきたい霊魂のこと　正木　晃　ＮＨＫ出版
＊奥会津　神々との物語　奥会津書房
＊恐山　死者のいる場所　南　直哉　新潮新書
＊面白いほどよくわかるギリシャ神話　吉田　敦彦　日本文芸社
＊この一冊で世界の「四大宗教」がわかる！　造事務所　三笠書房
＊城と女　上巻　楠戸　義昭　毎日新聞社
＊世界の宗教がわかる本　ひろさちや　ＰＨＰ研究所
＊日本人なら知っておきたい神道　武光　誠　河出書房新社
＊日本人はなぜ無宗教なのか　阿満　利麿　ちくま新書
＊日本の神々と仏　岩井　宏実　監修　青春出版社
＊日本仏教の思想　立川　武蔵　講談社現代新書
＊眠れないほど面白い死後の世界　並木　伸一郎　三笠文庫
＊はじめての唯識　多川　俊映　春秋社
＊早わかり　キリスト教　宮越　俊光　日本実業出版社

＊人はなぜ宗教を必要とするのか　阿満　利麿　ちくま新書
＊仏教とはなにか　大正大学仏教学科　編　大法輪閣
＊仏教とは何か　山折　哲雄　中公新書
＊仏尊の事典　関根　俊一　編　学研
＊仏像　心とかたち　望月信成・佐和隆研・梅原猛　ＮＨＫブックス
＊まわりみち極楽論　玄侑　宗久　朝日新聞社
＊民族という名の宗教　なだいなだ　岩波新書
＊目からウロコの宗教　岩井　洋　ＰＨＰ研究所
＊目からウロコの民俗学　橋本　裕之　編著　ＰＨＰ研究所
＊霊山と日本人　宮家　準　ＮＨＫブックス
＊私だけの仏教　玄侑　宗久　講談社αブックス
＊日本人は死んだらどこへ行くのか　鎌田　東二　ＰＨＰ新書

♤著者プロフィール

杉山　弘道（すぎやま　ひろみち）

昭和 37 年　新潟大学医学部卒業
昭和 44 年　学位取得（医学博士）
昭和 46 年　長岡赤十字病院内科
昭和 52 年　内科医院開業
平成 11 年　介護支援専門員資格取得
平成 19 年　内科医院閉院　以降はフリー
所属学会　日本内科学会・日本認知症学会

著書

平成 16 年　老人性痴呆患者の問題行動を推理する（永井書店）
平成 17 年　「魂」ってなんだろう－葬式仏教は日本人の宝物－（牧歌舎）
平成 18 年　加齢症候群－老いの実態・傾向と対策（牧歌舎）
平成 19 年　六つのキーワードで理解する認知症老人の異常行動（牧歌舎）
平成 20 年　眠りの仕組みを知って不眠の悩みを解消する（牧歌舎）
平成 21 年　夢の不思議がわかる本（牧歌舎）
平成 22 年　ひろみちの夜間思考（風詠社）
平成 23 年　図で理解する眠りと夢（風詠社）
平成 24 年　便利につかわれている古典・昔話（民話）の夢（風詠社）
平成 25 年　認知症老人の異常行動が理解できる本（風詠社）
平成 25 年　次元の秩序が崩壊している夢の世界（風詠社）
平成 26 年　目覚めや眠りを失った人々（風詠社）
平成 27 年　「死後の世界」、来世に次元はあるのか（風詠社）
平成 28 年　境界領域と移行領域（風詠社）
平成 29 年　「眠り」と「夢」のなぜなぜなーぜ（風詠社）
平成 30 年　死後の世界（22 世紀アート　電子出版　アマゾン）
令和元年　人はなぜ老いからのがれられないのか（風詠社）
令和 2 年　お年よりの妄想とせん妄（風詠社）

「自の認識」の不思議が描かせた死後の世界
故人は想いだしてくれる人の心のなかで生きている

2021年6月22日　第1刷発行

著　者　杉山弘道
発行人　大杉　剛
発行所　株式会社 風詠社
〒553-0001　大阪市福島区海老江5-2-2
大拓ビル5 - 7階
TEL 06（6136）8657　https://fueisha.com/
発売元　株式会社 星雲社
（共同出版社・流通責任出版社）
〒112-0005　東京都文京区水道1-3-30
TEL 03（3868）3275
印刷・製本　シナノ印刷株式会社

ISBN978-4-434-29042-8 C0011